COLLECTION

Victorien Sardou

Objets d'Art
Tableaux — Dessins

COLLECTION
VICTORIEN SARDOU

CONDITIONS DE LA VENTE

Elle sera faite au comptant.

Les adjudicataires paieront *dix pour cent* en sus des enchères.

L'exposition mettant le public à même de se rendre compte de l'état et de la nature des objets, aucune réclamation ne sera admise une fois l'adjudication prononcée.

AVIS

Une seconde vente des **Objets d'art et d'ameublement, Sculptures et Boiseries anciennes** *dépendant de la Collection de feu M. Victorien Sardou, aura lieu à l'Hôtel Drouot, salles n°s 5 et 6*, **les 15 et 16 Juin 1909**.

Exposition publique : **Le Lundi 14 Juin.**

Le Catalogue de cette seconde vente sera publié ultérieurement.

Imprimerie Georges Petit.

CATALOGUE

DES

OBJETS D'ART

ET D'AMEUBLEMENT

Faïences — Porcelaines — Miniatures

SCULPTURES, BRONZES

SIÈGES COUVERTS EN ANCIENNE TAPISSERIE

MEUBLES DES ÉPOQUES LOUIS XV ET LOUIS XVI

TAPISSERIES DES XVIIᵉ & XVIIIᵉ SIÈCLES

Tapis de la Savonnerie

TABLEAUX ANCIENS

AQUARELLES, DESSINS, GOUACHES, PASTELS

Principalement de l'École Française des XVIIᵉ et XVIIIᵉ siècles

ŒUVRES DE

BACHELIER, BÉRAIN, BLARENBERGHE, BOSIO, BOUCHER, BOZE, CALLET, CARMONTELLE
C.-N. COCHIN, DUPLESSI-BERTAUX, C. EISEN, FRAGONARD, FREUDEBERG, GRAVELOT, GUARDI
HILAIRE, HOIN, ISABEY, LAJOUE, F. LEMOINE, LONGHI, DE MACHY
MOREAU LE JEUNE, PANINI, PRUD'HON, RAGUENET, REMBRANDT VAN RYN, HUBERT ROBERT
LES SAINT-AUBIN, SERGENT-MARCEAU, TARAVAL, ETC.

DONT LA VENTE

Après décès de M. VICTORIEN SARDOU

AURA LIEU A PARIS

GALERIE GEORGES PETIT, 8, Rue de Sèze

Les Mardi 27, Mercredi 28 et Jeudi 29 Avril 1909, à 2 heures

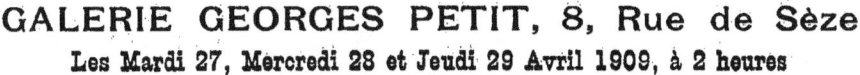

COMMISSAIRES-PRISEURS

Mᵉ F. LAIR-DUBREUIL	Mᵉ HENRI BAUDOIN
6, rue Favart, 6	Successeur de Mᵉ PAUL CHEVALLIER
PARIS	10, rue Grange-Batelière, 10

Experts pour les Tableaux :

M. G. SORTAIS	M. JULES FÉRAL
Peintre-Expert près le Tribunal Civil	7, rue Saint-Georges, 7
11, rue Scribe, 11	Paris

Experts pour les Objets d'art :

MM. MANNHEIM	MM. PAULME & B. LASQUIN Fils
7, rue Saint-Georges, 7	10, rue Chauchat 12, rue Laffitte

EXPOSITIONS

PARTICULIÈRE : *Le Dimanche 25 Avril 1909, de 1 heure 1/2 à 6 heures*
PUBLIQUE : *Le Lundi 26 Avril 1909, de 1 heure 1/2 à 6 heures*

ORDRE DES VACATIONS

Le Mardi 27 Avril 1909

Numéros.

Aquarelles, Dessins, Gouaches, Pastels . . . . 46 à 170

Le Mercredi 28 Avril 1909

Tableaux anciens. . . . . 1 à 45
Faïences et Porcelaines . . . . 171 à 185
Miniatures. . . . . 186 à 206
Objets divers . . . . 207 à 240

Le Jeudi 29 Avril 1909

Marbres, Terres cuites. . . . . 241 à 250
Bronzes, Pendules . . . . 251 à 265
Meubles couverts en tapisserie . . . . 266 à 274
Meubles. . . . . 275 à 285
Étendards, Étoffes . . . . 286 à 314
Tapisseries, Tapis . . . . 315 à 342

VICTORIEN SARDOU
COLLECTIONNEUR

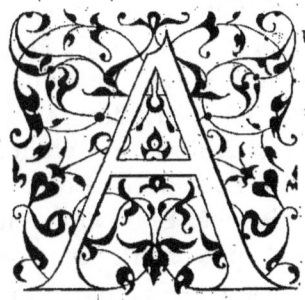u temps où Sardou était étudiant, quand il sortait de la Bibliothèque où il passait ses journées, avant de regagner le Quartier latin qu'il habitait, il ne manquait jamais de faire le détour de la rue du Musée, attiré là par des étalages que les gens de goût d'alors méprisaient, mais qui le retenaient en de longues contemplations.

La rue du Musée était un étroit boyau, entre deux rangs de bâtisses tassées, penchées, décrépites, avec des loques aux fenêtres et des liserons au bord des toits. Elle commençait à la place du Palais-Royal et se terminait à la rue du Carrousel (à l'endroit précis où s'élève aujourd'hui la statue de Lafayette). Au rez-de-chaussée de toutes les maisons, s'ouvraient des boutiques de revendeurs, antres profonds et ténébreux, où s'entassaient, du sol gras au plafond noir, chaises disjointes, secrétaires en bois de rose, matelas éventrés, reliquaires somptueux rehaussés d'émaux, oiseaux et crocodiles empaillés, consoles disloquées, casseroles bossuées, et aussi toute une défroque d'uniformes surannés, bonnets à poils de la vieille garde, shakos mités revenus de Russie, panaches déplumés qui avaient frissonné au vent d'Austerlitz..., de quoi équiper une armée pour la revue nocturne de Raffet.

Bien que son mobilier fût alors des plus précaires et sa mansarde des moins garnies, ce que Sardou admirait là, ce n'étaient point les lits d'acajou, les buffets bien cirés, ni les rideaux de reps; mais, servant de tampons aux marbres des tables de nuit, apparaissaient des morceaux de tapisserie — Gobelins ou Beauvais; des bouts de lambris sculptés servaient de planches à vaisselle; au plafond s'enchevêtraient des squelettes de fauteuils à pieds cannelés, des consoles, épaves de Trianon ou de Marly, poussiéreuses, rougissantes sous leur dorure écaillée, comme honteuses de leur déchéance. Il y avait aussi le tas des papiers à vendre au poids ou destinés aux emballages et, presque autant dédaignés, des gravures des Vernet, de Lavreince, de Saint-Aubin, de Moreau, des gouaches de Baudoin, des sépias de Fragonard, des croquetons de Saint-Aubin, des études de Watteau, et même des pastels de La Tour ou de Perronneau sous des verres qu'embrumaient les ans. Si un amateur payait quarante francs une estampe d'après le Poussin ou David, — le classique était encore en vogue, — le marchand roulait la chose dans une gravure de Debucourt qu'on paierait cinq cents francs aujourd'hui... Victorien Sardou a vu cela.... vers 1850.

Lui, très pauvre d'argent, mais riche de grands projets, faisait en imagination son choix : « Comme ce panneau des Gobelins aurait bonne mine encadré de ces boiseries dorées! Qu'il serait plaisant, ce Fragonard — pendu là sous la pluie — si on le disposait entre ces appliques, au-dessus de cette commode pansue, dont le marbre rose cale une armoire de cuisine! » Quand il avait ainsi, devant ce bric-à-brac dédaigné des passants, dressé le décor de son rêve, il n'achetait rien — et pour cause — puis allait dîner à la laiterie et rentrait dans sa chambre, où il travaillait jusqu'au jour.... Telles furent ses premières rencontres avec le bibelot.

Après dix ans de labeur opiniâtre, de préparations, de cheminements obstinés, d'approches résolues, il donna enfin l'assaut au succès et planta sur la brèche le drapeau triomphal des *Pattes de mouches*. Paris était enjolé. Victorien Sardou, célèbre à 30 ans, obligé de fuir les directeurs de théâtre qui bloquaient sa porte, Sardou joué à la Cour, sur toutes les scènes de France et de l'étranger, alla passer l'été de 1863 à Louveciennes, banlieue lointaine alors, à l'écart des grandes routes et du chemin de fer, et c'est en explorant le pays qu'il découvrit un jour, au hasard d'une flânerie dans le bois, une grande maison située en haut du bourg de Marly et dont le parc joignait l'ancienne forêt royale. C'était une demeure habitée, au temps de Louis XIV, par Blouïn, gouverneur du domaine royal, et remaniée au xviiie siècle; longue façade terminée à chacune de ses extrémités par un pavillon d'aile, coiffé d'un dôme d'ardoise. Sardou séduit s'en rendit acquéreur dans la semaine. — Ce fut Mme *Benoiton* qui paya.

* * *

La vieille maison de Blouïn tombait en bonnes mains : Sardou y apporta une table, une chaise et un lit ; mais il était là à cent pas du château ruiné du Grand Roi, à une heure de marche de Versailles, où il allait prendre des inspirations, achetant les vieux marbres mis au rebut, les fontaines de plomb vendues au poids, les boiseries arrachées aux hôtels princiers. Dans les années qui suivirent, toutes marquées de succès grandissants, il jeta bas les murs qui emprisonnaient son parc, ouvrit des allées, vallonna les pelouses, bâtit une orangerie, dessina des parterres. Il pouvait maintenant réaliser les décors que, naguère, il s'était contenté de bâtir en rêve, devant les étalages de la rue du Musée.

Celle-ci, il est vrai, n'existait plus : les nouvelles constructions du Louvre l'avaient balayée, et les brocanteurs avaient déserté le quartier, mais Sardou savait où les retrouver ; et, comme tout d'abord son goût des estampes avait été un désir de documentation, en les acquérant il tenait sous la main les personnages merveilleux dont il comptait peupler ses pièces futures.

Son art prodigieux fit revivre ces images chéries, dans vingt pièces évocatrices qui semblaient elles-mêmes des vignettes vivantes arrachées à des livres du xviiie siècle : Voici l'illustration des *Premières armes de Figaro,* des *Prés Saint-Gervais,* des *Merveilleuses,* de *M. Garat,* de *Paméla,* de *Thermidor...* Jadis les personnages si bien habillés, qui y promènent leurs grâces spirituelles, n'étaient visibles que dans les dessins de Debucourt, des Vernet, de Bosio, d'Isabey, de Moreau le jeune ; on les vit dès lors sur les scènes du Gymnase, de Déjazet, des Variétés et de la Porte Saint-Martin, avec leurs talons rouges, leurs tricornes enrubannés, leurs carmagnoles ou leurs chlamydes à la grecque... C'est dans ses collections que Sardou les avait connus et aimés ; et ces *Galeries des modes et costumes français,* ces recueils de portraits, ces scènes de mœurs, ces caricatures, ces « pièces sur les incroyables », ces longues théories de merveilleuses, ces feuilles du *Bon genre,* du *Suprême Bon Ton,* des *Modes et manières du Jour,* constituent non seulement l'histoire des pièces de Sardou, mais encore l'histoire parisienne aux siècles précédents.

De telles séries, — il convient d'insister, — sont de toute rareté; cet ensemble de documents, choisis avec une science, une précision, un goût sûrs, serait bien difficile, sinon impossible, à reconstituer aujourd'hui; d'autant qu'il se rencontre quelques pièces, dont « l'état », — ce fameux « état », qui fait la joie et le tourment du collectionneur, — est à peu près introuvable : les deux estampes de Debucourt, par exemple, *la Rose* et *la Main,* publiées en 1788.

Ces superbes épreuves offrent des raretés qui ont étonné M. Danlos lui-même, l'impeccable expert, l'homme qui connaît le mieux les estampes du xviiie siècle... et qui s'étonne le moins facilement !

Et non seulement notre Maître se plaisait à entasser les documents parisiens, mais il recherchait avec la même *furia* les gravures relatives à Versailles; la belle série, les *Appartements du roi Louis XIV*, est ici pour attester avec quelle précision minutieuse se documentait l'auteur de *l'Affaire des poisons*.

Si nous feuilletons les collections relatives à la Révolution, nous voyons défiler, — comme en un cinématographe, — l'évocation de cette terrible époque. Rien n'y manque et tout se suit avec une effrayante logique... : le Directoire succède au Terrorisme, l'Empire au Consulat, l'histoire toute entière de ces turbulentes époques passe devant nos yeux, dans ces collections bientôt soumises aux enchères.

* *

La fortune était venue avec le succès; aux documents s'ajoutèrent les œuvres d'art. Sardou, sans compter, pouvait accrocher à ses murs tapisseries, tableaux, dessins retraçant ce passé dont il était si curieusement amoureux et se meubler à l'avenant : secrétaire signé *Krier, maître ébéniste, rue du Bac,* canapés, fauteuils, tabourets, écrans, des plus charmants modèles du temps de Louis XV et de Louis XVI, pendules de bronze doré, chaises à porteurs, bustes de marbre ou de terre cuite, candélabres enguirlandés de feuillage de cuivre.... Dans cette vente, dont le catalogue, dressé par les soins éclairés de MM. Féral, Sortais, Mannheim, Paulme et Lasquin, les érudits experts, réunit les objets les plus variés, se rencontrent, — à côté de miniatures, de tabatières, d'un service à café au chiffre de la Du Barry, — un superbe bas-relief de marbre, des étendards aux soies foncées et somptueuses, des tambours, un sabre à emblèmes républicains qui battit au flanc de quelque Kléber, une robe en soie vieux rose, lamée d'argent, dont la traine frôla sur les parquets des galeries royales.

Le grand appartement que Victorien Sardou occupait,

durant l'hiver, boulevard de Courcelles, était devenu, à l'égal de sa maison de Marly, un précieux musée d'œuvres exquises : citons au hasard la *Baigneuse* de Lemoine, des De Machy, des Longhi, des Raguenet, des Hubert Robert, des Saint-Aubin et des De Troy, une gouache de Van Blarenberghe, un joli Boucher, des Carmontelle et des Cochin, un chef-d'œuvre de Fragonard, *les Jets d'eau*, un délicieux Freudeberg, deux gouaches d'Hilaire qui sont des merveilles, deux dessins de Moreau le jeune, et encore des Hubert Robert, encore des Saint-Aubin, proclamant que Sardou fut non seulement l'un des membres les plus écoutés de la Commission du Vieux Paris et de la Commission du musée Carnavalet, mais encore le président de la Société des amis de Versailles où, jadis, aidé par son beau-père, Eudore Soulié, conservateur du musée, il sauvait de la destruction la *Vénus accroupie* de Coysevox, aujourd'hui au Louvre, et tant d'œuvres parfaites qui sont l'orgueil du palais de Louis XIV.

A Marly, Victorien Sardou séjournait, durant toute la belle saison, travaillant depuis l'aube jusqu'au milieu de l'après-midi, soit dans ce grand cabinet à quatre fenêtres où il avait réuni ses livres et ses bibelots préférés, soit dans sa bibliothèque, au second étage, que fermait une porte de fer, garnie de verrous énormes, rappelant la porte du cachot de la reine à la Conciergerie ; et là encore, coupant les alignements des quarante mille volumes, — livres à gravures, reliures anciennes, gazettes révolutionnaires, almanachs galants, brochures introuvables, — là encore, des tableaux, des meubles, des panneaux de lambris sculptés, des cadres à trophées, des tapisseries.

Vers le soir, Sardou, pour se reposer, faisait à petits pas le tour de son parc, causait avec ses arbres et conseillait ses jardiniers. Sous sa direction, le domaine s'était transformé ; chacun des quarante étés qu'il vécut là avait apporté un aménagement nouveau, une amélioration, un embellissement.

Tous ceux qui allaient le voir, — à moins qu'ils ne se présentassent aux heures sacrées du travail, — étaient assurés d'un accueil encourageant. Quand on avait passé la grille d'honneur, derrière laquelle apparaît, sous les glycines et les tamaris, la ligne rose des dix sphinx accroupis, on arrivait à la vieille entrée de la maison. La cour franchie, on pénétrait dans un vestibule où vous accueillait un portrait de Talma, — que le maître donna, il y a trois ans, à son grand interprète Coquelin, pour la Maison des Comédiens de Pont-aux-Dames; — puis, dans un salon de glaces renfermant deux chaises à porteurs et un traîneau, que défendaient deux petits canons du xviii° siècle... Venait ensuite le grand salon, que la célèbre gravure de Saint-Aubin, *le Bal paré,* a popularisé, vaste pièce, toute entière tendue de tapisseries exécutées à Beauvais et à Aubusson, d'après les cartons de Jean-Baptiste Huet. C'était un éblouissement : un clavecin doré, une harpe qu'entouraient quelques sièges, évoquant les ombres pomponnées des belles écouteuses de jadis, lui continuaient son air ancien de salon de musique, et, sur la cheminée, une pendule provenant de la chambre à coucher de Louis XVI, à Fontainebleau, semblait ne devoir jamais sonner que des heures heureuses... Saint-Aubin aurait, sans hésiter, recommencé sa gravure !

C'est dans ce salon qu'attendaient les visiteurs, parmi le silence recueilli des choses d'autrefois : les hautes fenêtres encadraient les perspectives du parc; sous les futaies apparaissaient des statues blanches, des colonnes dressées, reliques des Tuileries, des groupes de marbre ou de plomb, qui avaient joué dans les bassins de Versailles. Car tout avait changé, dans ce Marly, depuis 1864, année où Victorien Sardou y était entré... tout avait changé, sauf lui, le maître, resté jeune d'aspect, alerte, enthousiaste, faisant des projets, comme au temps où, revenant de la Bibliothèque au Quartier latin, il flânait devant les étalages de la rue du Musée. Ouvrant la porte de son cabinet, le *patron* s'avançait, la main tendue, vêtu d'un veston croisé noir ou gros bleu, un foulard blanc autour du cou, sa tête spirituelle coiffée d'un béret de velours rejeté en arrière. Sa bouche était parfois narquoise, mais ses yeux brillants avaient une profonde expression de bonté, et c'est avec une camaraderie bienveillante, un plaisir exempt de toute parade et de toute vanité, qu'il montrait à ceux qui en témoignaient le désir, ses tableaux, ses livres, ses estampes, toutes les richesses d'art ou d'histoire, lentement accumulées, richesses faites du plaisir de tant d'inconnus et qui n'avaient à personne coûté une larme.

G. LENOTRE & Georges CAIN

Tableaux Anciens

BACHELIER
(JEAN-JACQUES)
Paris, 1724-1806.

(DEUX PENDANTS)

1 — **Le Triomphe du chat.**

2 — **Le Triomphe du chien.**

Des enfants et des petits bacchants portent, sur leurs épaules, un chien et un chat sur des brancards enguirlandés de fleurs et de fruits.

Toile. Haut., 1 m. 04; larg., 1 m. 45.

BOQUET
(PIERRE-JEAN)
Paris, 1751-1817.

3 — **Les Femmes révolutionnaires ou Jacobines.**

On lit sur la monture cette vieille inscription :

« La veille de la fatale journée du 10 Aoust, quantité de ces mégères occupoient le milieu des grouppes qui se formoient dans le jardin des Thuilleries, là elles reprochoient aux hommes leur peu de résolution, et qu'ils seroient des lâches s'ils ne venoient pas le lendemain assaillir le château; les citoyens étoient d'autant plus irrésolus que le plus grand nombre ignôroit ce qu'on vouloit faire..... »

Figures peintes à l'huile, découpées et collées sur un fond d'aquarelle.

Haut., 23 cent.; larg., 36 cent.

BOSCH
(École de JÉROME)

4 — Les Bords du Styx.

Cuivre. Haut., 44 cent.; larg., 66 cent.

CALLET
(ANTOINE-FRANÇOIS)

Paris, 1741-1823.

5 — Les Trois Grâces.

Trois jeunes femmes, aux formes élégantes, dansent et s'enguirlandent de fleurs au son de la musique que font des amours au milieu de nuages roses.

Toile. Haut., 42 cent.; larg., 52 cent.

CALLOT
(École de JACQUES)

6 — Le Pont-Neuf sous la minorité de Louis XIV.

Sur le terre-plein du Pont-Neuf se dresse la statue équestre du roi Henri IV; des boutiques sont installées en plein vent; sur le pont même, des carrosses passent, des seigneurs, des hommes de loi et des gens du peuple circulent dans tous les sens. A droite, sur la Seine, l'ancien Louvre; sur la rive gauche, le Collège des Quatre-Nations avant la construction du Dôme. Au fond, le Pont-Royal.

Toile. Haut., 60 cent.; larg., 1 m. 24.

CHARPENTIER
(JEAN-BAPTISTE)
Paris, 1728-1806.

7 — La Joueuse de vielle.

Debout dans la campagne, un chapeau bleu orné de lilas posé sur sa haute coiffure poudrée, elle porte un manteau rouge garni de rubans.

Toile. Haut., 50 cent.; larg., 38 cent.

COYPEL
(ANTOINE)
Paris, 1661-1722.

(DEUX PENDANTS)

8 — Renaud et Armide dans les plaisirs.

Dans l'île enchantée, Armide, assise sur un tertre orné de fleurs, tient la tête de Renaud appuyée sur son épaule; elle lui montre leurs traits reflétés dans un miroir que leur présente un amour, soutenu lui-même par deux autres amours. A gauche, une nymphe sortant des ondes, couvre de fleurs les deux amants. Derrière, les frondaisons rousses d'un bois se détachent sur un ciel bleu.

9 — Angélique et Médor.

Angélique, à demi couchée, presque nue, s'appuie sur les genoux de Médor qui lui montre, sur l'écorce d'un arbre, les deux noms inséparables qu'il vient d'y graver. Au-dessus d'eux plane un amour leur décochant un trait, tandis qu'à gauche un autre amour couronne d'herbes marines Neptune sortant des ondes. Au fond, des collines baignées par l'onde bleue d'une rivière.

Toiles. Haut., 74 cent.; larg., 92 cent.

Cadres en bois sculpté et doré.

EISEN
(FRANÇOIS)
Bruxelles, 1685-1775.

(DEUX PENDANTS)

10-11 — **Jeux d'Amours.**

Dans un encadrement de rinceaux et de colonnettes enguirlandés, des amours voltigent dans les nues, poursuivant des colombes ou jouant avec des fleurs.

Toiles. Haut., 1 m. 60; larg., 70 cent.

FRANCK
(FRANÇOIS)
Anvers, 1581-1642.

12 — **Le Sabbat.**

Bois. Haut., 51 cent.; larg., 66 cent.

GUARDI
(FRANCESCO)
Venise, 1712-1793.

13 — **Salle de fête en plein air.**

Deux jeunes femmes causent au milieu d'un parterre encadré de loges à balcons et de treillages enguirlandés de fleurs multicolores; au centre, un dais orné de draperies de soie rose et bleue sur un décor de rochers au milieu desquels on remarque un grand nombre de couples élégants.

Toile. Haut., 36 cent.; larg., 48 cent.

HAUER
(JEAN-JACQUES)
Algesheim, 1751-1829.

14 — Un Estaminet.

Dans un estaminet, garni d'une boiserie vert d'eau encastrant quatre paysages, de nombreux personnages, semblant avoir été peints d'après nature, sont réunis autour des tables, en diverses attitudes. Les uns jouent aux dominos, d'autres prennent leur café, lisent ou se reposent. Un gentilhomme debout domine la salle de sa haute taille ; coiffé d'un tricorne noir, il porte un habit rouge ouvert sur un gilet jaune et tient un face-à-main.

A gauche, deux dames sont assises derrière un comptoir sur lequel un jeune seigneur accoudé appuie son large manchon.

Signé et daté : *1786*.

Toile. Haut., 71 cent.; larg., 90 cent.

LAJOUE
(JACQUES DE)
École française, 1687-1761.

15 — Un Escalier de parc.

Des dames et des gentilshommes sont assis sur les marches d'un large escalier de pierre décoré de statues et de fontaines. Au premier plan, un élégant chasseur présente ses chiens à deux dames parées de robes de soie rose et jaune.

Toile. Haut., 68 cent.; larg., 94 cent.

LAJOUE
(Attribué à JACQUES DE)

16 — Fête dans un parc.

Devant un décor d'architecture, orné de guirlandes et de figures de bronze, des danseurs se mêlent aux spectateurs.

Toile. Haut., 44 cent.; larg., 53 cent.

LEGRAND
(Mlle)
École française, xviiie siècle.

17 — Portrait de jeune femme.

Les cheveux bouclés et poudrés, un fichu de mousseline bordé de dentelles sur son corsage rouge, elle est représentée en buste, tournée vers la gauche.

Toile de forme ovale. Haut., 60 cent.; larg., 50 cent.

LEMOINE
(FRANÇOIS)
Paris, 1688-1737.

18 — La Baigneuse.

Une jeune femme blonde, deux chaînes de perles passées dans ses cheveux bouclés, la main droite appuyée sur un tronc d'arbre, a mis le pied dans un cours d'eau. Une suivante en robe bleue, agenouillée à terre, soutient sa maîtresse par la taille en retenant autour d'elle une draperie jaune et un linge blanc.

Gravé par Laurent Cars.

L'esquisse de cette composition est au musée du Louvre.

Toile. Haut., 1 m. 75; larg., 1 m. 40.

Cadre en bois sculpté et doré.

LONGHI

(PIERRE)

Venise, 1702-1762.

19 — Scène d'intérieur dans un palais, à Venise.

Au milieu d'un salon tapissé de cuir de Cordoue, des jeunes seigneurs et des dames jouent aux cartes, d'autres invités les regardent. A droite, un jeune abbé remet une gimblette à une jeune femme coiffée d'un tricorne. Plus loin, une servante relève indiscrètement une portière, épiant cette scène. A gauche, sur une table, devant un dressoir orné de faïences, une autre servante verse du chocolat. Une petite fille, debout, est déjà servie.

Toile. Haut., 96 cent.; larg., 1 m. 32.

Cadre en bois sculpté.

LONGHI

(PIERRE)

20 — La Leçon de danse.

Au milieu d'un salon, un maître à danser, vêtu d'un habit rose, tient par la main une jeune femme en robe de soie jaune clair et indique d'un geste le mouvement qu'elle doit faire. Un musicien joue du violon, une autre dame assise regarde les danseurs.

Toile. Haut., 64 cent.; larg., 54 cent.

MACHY
(PIERRE-ANTOINE DE)
Paris, 1722-1807.

21 — Vue du Louvre et du quai.

L'Hôtel des Monnaies s'élève à gauche sur le quai, au bord de la Seine ; plus loin, l'aile gauche du collège des Quatre-Nations. Sur la berge du fleuve, des chevaux et des bestiaux vont à l'abreuvoir ; des bateaux-lavoirs et des chalands sont amarrés à droite et à gauche.

Dans le fond, le Louvre s'étend en perspective.
Effet de soleil couchant.
Signé à gauche.

Bois. Haut., 39 cent.; larg., 67 cent.

MACHY
(PIERRE-ANTOINE DE)

22 — L'Incendie.

Devant les ruines d'une construction en flammes et à la lueur d'un brasier qui illumine, sous un ciel bleu, une église et les maisons d'une ville, une foule de personnages s'agitent ou travaillent. Les uns actionnent une pompe, d'autres font la chaîne, remplissent ou versent des seaux d'eau, grimpés sur des échelles ou montés sur les toits.

A droite, un tonneau se vide, des soldats attendent en réserve.

Toile. Haut., 49 cent.; larg., 77 cent.

MARTIN
(PIERRE-DENIS)
École française, 1673-1742.

(DEUX PENDANTS)

23 — Le Colin-maillard.
24 — La Main-chaude.

Paysages avec cours d'eau et cascade, animés de figures.

Toiles. Haut., 1 m. 85 ; larg., 1 m. 10.

MIGNARD
(École de)

25 — La Promenade en traîneau.

Des dames en toilette d'apparat montent des traîneaux en bois sculpté et doré, attelés de chevaux caparaçonnés. Au premier plan, deux cygnes dans une pièce d'eau. Dans le fond, un château précédé d'un parc à la française.

Toile. Haut., 72 cent.; larg., 88 cent.

Cadre en bois sculpté.

MIGNARD
(École de)

26 — Le Duo.

Une jeune femme en robe rose, assise, joue du clavecin, accompagnant un joueur de flûte portant une robe de chambre bleue.

Toile. Haut., 1 mètre; larg., 78 cent.

MONNOYER
(BAPTISTE)

Lille, 1634-1699.

27 — La Jeune femme aux fleurs.

Une jeune femme, drapée dans une étoffe de soie jaune, tient un vase de fleurs posé sur un socle.

Toile. Haut., 1 m. 38; larg., 1 m. 02.

PANNINI
(JEAN-PAUL)
Plaisance, 1692-1765.

(QUATRE PENDANTS)

28 — Le Portique.

Quatre colonnes soutiennent une archivolte au-dessus d'un escalier de pierre. Des dames et des gentilhommes gravissent de larges degrés. Dans le fond, une fontaine devant un parc aux arbres taillés en charmille. A droite, les arcades d'un monument en ruine.

29 — L'Embarcadère.

Un couple s'avance au bord de la mer, vers un bateau orné d'un dais à rideaux roses. Une fontaine jaillit dans une vasque, des monuments ornés de colonnes, de balcons, de vases et de statues de pierre enrichissent la composition.

30 — Promenade dans le parc d'un château.

Sur les marches d'un palais, à droite, un abbé présente ses grâces à un jeune couple; un mendiant fuit. Plus loin, quelques personnages regardent les vestiges du palais. Derrière eux, un escalier de pierre, orné de balustres, encadre un groupe de Neptune en marbre que baignent les eaux bleues d'un lac. Un rideau d'arbres se détachent sur un soleil couchant.

31 — Réunion de personnages au milieu de ruines.

Entre deux portiques de pierre, des personnages de qualité échangent de menus propos. Dans le fond, un couple est assis à gauche d'un escalier monumental, derrière lequel un jet d'eau s'élève devant un temple en ruine. Le ciel bleu est orné de nuages légers.

Toiles. Haut., 1 m. 49; larg., 1 mètre.

RAGUENET
(NICOLAS-JEAN-BAPTISTE)
École française, xviii° siècle.

32 — Joutes au Pont-Notre-Dame, devant la Pompe à feu.

De nombreuses embarcations, conduites par des rameurs qui vont mettre en présence les jouteurs. Une jeune femme, célèbre jouteuse sans doute, se tient debout et va se mesurer avec les champions du jour. Aux fenêtres du bâtiment de la Pompe à feu et à celles des autres constructions qui ornent le pont, la foule contemple cette fête.

Signé et daté, en bas, à droite : *Raguenet, 1756.*

Toile marouflée sur bois. Haut., 60 cent.; larg., 97 cent.

ROBERT
(HUBERT)
Paris, 1733-1806.

33 — Personnages au milieu d'un palais en ruines.

Sous une voûte immense, en partie défoncée, on remarque la statue équestre d'un empereur romain. Des personnages drapés se chauffent à la flamme d'un brasier.

Toile de forme ovale. Haut., 73 cent.; larg., 59 cent.

ROBERT
(HUBERT)

34 — Une Voûte.

Un large escalier s'ouvre sous une voûte; des personnages en gravissent les degrés.

Toile. Haut., 32 cent.; larg., 44 cent.

SAINT-AUBIN
(GABRIEL DE)
Paris, 1724-1780.

35 — La Promenade dans un parc.

Des dames se font traîner en vinaigrettes au milieu des promeneurs. Deux statues de marbre se détachent sur les charmilles.

Peinture sur papier marouflé sur toile.

Haut., 9 cent. ; larg., 15 cent.

Cadre en bois sculpté.

TARAVAL
(HUGUES)
Paris, 1728-1785.

36 — Io.

Les cheveux blonds épars, la jeune femme est portée sur un nuage, assise sur des draperies blanche et grise. Un voile de gaze jaune est drapé sur son bras gauche. A droite, l'aigle emblématique.

Toile. Haut., 1 m. 15 ; larg., 1 m. 23.

TROY
(FRANÇOIS DE)
Toulouse, 1654-1730.

37 — Portrait présumé de la Comtesse de Lude.

Représentée dans un parc, en robe bleue, accoudée sur un socle de pierre, elle désarme l'Amour.

Toile. Haut., 46 cent. ; larg., 38 cent.

VALLIN
(JACQUES-ANTOINE)
École française, xviiie siècle.

38 — Vénus et l'Amour.

Au milieu d'un paysage montagneux, Vénus, à demi couchée sur un tertre, reçoit des grappes de raisin que lui offre un petit bacchant.

Bois. Haut., 26 cent.; larg., 31 cent.

WATTEAU
(FRANÇOIS)
Valenciennes, 1758-1823.

39 — Fête à l'Être suprême.

La foule entoure une éminence où l'on glorifie la Liberté. Au premier plan, des couples se dirigent vers la fête.

Toile. Haut., 32 cent.; larg., 40 cent.

ÉCOLE ALLEMANDE
(xvie siècle)

40 — Un Tournoi.

Des chevaliers en armures combattent à cheval, au son des fanfares et des canonnades. L'Empereur et sa cour occupent une tribune en planches. Des hommes d'armes portent des lances; des tentes sont dressées dans la campagne.

Toile. Haut., 1 m. 85; larg., 3 m. 10.

ÉCOLE FRANÇAISE

(xviiie siècle)

(DEUX PENDANTS)

Décors de théâtre.

41 — Dans l'un :

Deux galeries de treillages dorés bordent une terrasse ornée de sculptures et de pins taillés. Un mezzetin, un seigneur en habit rose, se promènent.

Au premier plan, deux couples ; dans le fond, un bassin à jet d'eau et les deux pavillons d'un château.

42 — Dans l'autre :

Les personnages jouent devant un édifice circulaire décoré de statues. A droite, des fontaines séparées par des rochers ; à gauche, un quinconce.

Toiles. Haut., 58 cent.; larg., 77 cent.

ÉCOLE FRANÇAISE

(xviiie siècle)

43 — **Un Jeu d'oie.**

Les cases d'un jeu d'oie sont disposées autour d'une composition représentant des villageois jouant aux cartes dans la campagne.

Bois. Haut., 78 cent.; larg., 87 cent,

ÉCOLE FRANÇAISE
(xviiie siècle)

44 — **Portrait d'homme en robe bleue.**
   Peinture sur métal.

   Haut., 12 cent.; larg., 10 cent.

ÉCOLE ITALIENNE
(xviie siècle)

45 — **Une Maison de jeu.**
   Dans une grande salle, aux murs tendus de cuir de Cordoue et ornés de tableaux, de nombreux personnages sont réunis autour des tables, assis ou debout, quelques-uns portant des masques. Les cartes et les pièces d'or se mêlent à la lueur des chandelles.

   Toile. Haut., 1 m. 22; larg., 1 m. 72.

Aquarelles, Dessins, Gouaches, Pastels

BALTARD
(LOUIS-PIERRE)

Paris, 1764-1846.

46 — Vue du Panthéon.

On remarque, devant le monument, des carrosses et des promeneurs.

Dessin au lavis d'encre de Chine.

Haut., 32 cent.; larg., 41 cent.

BARBIER-WALBONNE
(JACQUES-LUC)

Nîmes, 1769-1860.

47-48 — Scènes de la campagne d'Italie.

Aquarelles signées.

Haut., 28 cent.; larg., 40 cent.

BÉLANGER
(FRANÇOIS-JOSEPH)
Paris, 1744-1818.

49 — Une Salle de fête.

Une construction, décorée de colonnes, de médaillons, de guirlandes et de figures de danseuses sur des socles, est ouverte par trois portes cintrées donnant accès à une foule de personnages.

Des orchestres occupent deux terrasses, à droite et à gauche.

Dessin au lavis d'encre de Chine rehaussé d'aquarelle.

Haut., 50 cent.; larg., 66 cent.

BÉRAIN
(JEAN)
Saint-Mihiel, 1639-1711.

50 — Carrousel des Galans Maures de Grenade, entrepris par Mgr le Dauphin, à Versailles.

Suite de vingt-sept aquarelles, représentant des dames et des gentilshommes en costume de gala et montés sur des chevaux caparaçonnés; et de deux autres aquarelles, représentant un frontispice et un titre ornementés.

Signé : *Bérain, 1685.*

Trois aquarelles sont encadrées, mais seront comprises dans le recueil.

Haut., 39 cent.; larg., 27 cent.

BLARENBERGHE

(LOUIS VAN)

Lille, 1734-1812.

51 — Les Quais de Bordeaux.

Au premier plan, à droite, un homme de qualité salue deux jeunes femmes. Non loin d'eux, des prêtres, des marchands ambulants et des tentes dressées en plein vent. Sous l'une d'elle, une boulangère débite des pains; plus à gauche, un armateur, arrêté devant un amoncellement de tonneaux, examine une liste de marchandises. Çà et là, des chariots traînés par des chevaux et des bœufs. A droite, sur la Garonne, des débardeurs effectuent des chargements, tandis que de nombreux bateaux sillonnent le fleuve. Dans la perspective du quai, on aperçoit les bâtiments de la Douane et de la Chambre de Commerce, qui formaient la place Louis XV, construite par l'architecte Gabriel.

Importante gouache, signée en bas, à gauche : *Van Blarenberghe.*

Haut., 28 cent.; larg., 63 cent.

BONNART

École française, XVIIe siècle.

52 — Un Essayage.

Le marchand de mode essaie un corsage à une dame debout, au centre ; à gauche, une chambrière retient un manteau sur une table-toilette.

Dessin à la plume et au lavis d'encre de Chine.

Haut., 24 cent. ; larg., 17 cent.

BOSIO
(JEAN-FRANÇOIS)
Monaco, 1764-1827.

53 — Une Guinguette.

Merveilleuses et muscadins dansent dans une salle éclairée par un lustre. Des femmes sont assises sur des chaises et des jeunes gens les lorgnent. A gauche, un orchestre sur une estrade.

Dessin au lavis d'encre de Chine rehaussé de blanc.

Haut., 36 cent.; larg., 53 cent.

Cadre en bois sculpté.

BOSIO
(JEAN-FRANÇOIS)

54 — Le Restaurant du Bœuf à la Mode.

Au centre, un garçon tombe avec un poulet sur un plat
Dessin au lavis d'encre de Chine.

Haut., 35 cent.; larg., 43 cent.

BOUCHER
(FRANÇOIS)
Paris, 1703-1770.

55 — Vénus et l'Amour.

La déesse est debout, portant sur l'épaule droite une draperie qu'un amour soutient à ses côtés.

Dessin à la pierre d'Italie rehaussé de pastel.

Haut., 37 cent.; larg., 21 cent.

On lit, au verso, une inscription :
« Dessin donné à M. Denis par M. Boucher, peintre de l'académie Royal en avrille 1752. »

BOUCHER
(FRANÇOIS)

56 — La Sculpture.

Une jeune femme assise regarde un médaillon que lui présente un amour.

Au second plan, la Renommée accoudée sur un fût de colonne.

Dessin à la sanguine.

Haut., 21 cent.; larg., 15 cent.

BOZE
(JOSEPH)
Martigues, 1744-1826.

57 — Portrait présumé de Madame Royale.

La fillette assise sur un coussin rouge, les cheveux blonds et bouclés, vêtue d'une robe de mousseline blanche serrée à la taille par une ceinture bleue, joue avec des roses.

A gauche, une corbeille de fleurs.

Pastel de forme ovale.

Haut., 52 cent.; larg., 62 cent.

Ancienne collection de Bonnefoy, garde-meuble de Trianon.

BRONZINO
(CHRISTOPHE ALLORI, dit le)
Florence, 1577-1621.

58 — Nymphe lutinée par des satyres.

Dessin au crayon noir et à la sanguine.
Signé à droite.

Haut., 22 cent.; larg., 16 cent.

CARMONTELLE
(LOUIS CARROGIS, dit)
Paris, 1717-1806.

59 — **Portrait de Mlle Sainval l'aînée.**

Elle est représentée debout, devant une colonnade, un bras levé au ciel et l'autre pendant sur sa jupe à paniers. Ses cheveux relevés et poudrés sont ornés de plumes; elle porte un carquois dans le dos et un poignard à la taille.

Dessin au crayon noir et à la sanguine.

Haut., 39 cent.; larg., 25 cent.

CARMONTELLE
(LOUIS CARROGIS, dit)

60 — **La Famille Calas.**

La mère, les deux filles avec Jeanne Viguière, leur bonne servante, le fils et son ami le jeune Lavaysse, représentés dans la prison.

Dessin aux crayons de couleurs.

Gravé par Delafosse.

Haut., 28 cent.; larg., 40 cent.

CARMONTELLE
(LOUIS CARROGIS, dit)

61 — **Mozart enfant.**

L'enfant génie se tient debout et de profil vers la droite, jouant du violon.

Dessin à la sanguine.

Haut., 22 cent.; larg., 15 cent.

On lit, sur la marge, le quatrain suivant :

> En voyant son souris perfide,
> On le croit enfant de l'Amour
> Et on juge au penchant qui vers les arts le guide,
> Qu'une Muse l'a mis au jour.
>
> 15 May 1762.

COCHIN
(CHARLES-NICOLAS)
Paris, 1715-1790.

62 — Fête donnée à Versailles pour la naissance de M. le Duc de Bourgogne, le 30 décembre 1751.

Au centre, un arc de triomphe surmonté d'un groupe de femmes présentant les armes de France et relié, à gauche et à droite, par une galerie de pierre, en forme d'hémicycle, ornée de statues et d'arbustes posés dans des niches. Une foule de curieux circule dans les parterres, autour de deux bassins qui vomissent leurs grandes eaux.

Très important dessin au lavis d'encre de Chine.

On lit, au bas, à droite : *C. N. Cochin. Perot invenit*

Sur le dessin : les armes de France en forme de cul de lampe.

Haut., 40 cent.; larg., 90 cent.

Gravé à l'eau-forte par Marvie. Terminé au burin par J. Ouvrié.

COTELLE
(JEAN)
Paris, 1645-1708.

63 — Une Tempête à Marly.

Sur la terrasse du château, des personnages s'enfuient les uns courent après leur chapeau, les autres tombent les manteaux s'envolent, les jupes se soulèvent.

Aquarelle gouachée.

Haut., 26 cent.; larg., 43 cent.

COUSTOU
(NICOLAS)
Lyon, 1658-1733.

64 — **Projet de fontaine.**

Trois figures de femmes entourent une colonne portant un vase décoré de mufles de lions.

Dessin à la pierre d'Italie rehaussé de blanc.

Signé à gauche.

Haut., 43 cent. ; larg., 28 cent.

COYPEL
(ANTOINE)
Paris, 1661-1722.

65 — **Satire de la Bulle Unigenitus.**

Composition allégorique.

Gouache.

Haut., 17 cent.; larg., 14 cent.

DARCIS
(LOUIS)
Paris, † 1801.

66 — **Un Incroyable.**

Debout, de profil à gauche, la main droite appuyée sur sa canne et tenant son chapeau de feutre.

Aquarelle.

Haut., 35 cent.; larg., 24 cent.

DENON
(Le Baron VIVANT)
Givry, 1747-1825.

67 — Portrait de Talma.

En buste, dans le rôle de Néron.
Dessin à la pierre d'Italie rehaussé de sanguine.
Signé à droite.

Haut., 13 cent.; larg., 11 cent.

DESRAIS
(CLAUDE-LOUIS)
Paris, 1746-1816.

68 — Enseigne des grands jardins Tivoli.

On lit, sur un baldaquin et sur la tenture qui ornent un buffet, le programme du spectacle.
Dessin à la plume et au lavis de bistre.

Haut., 43 cent.; larg., 58 cent.

DUPLESSI-BERTAUX
Paris, 1747-1813.

69 — L'École Militaire.

Des jeunes gens et des jeunes femmes sont arrêtés devant une grille fermant la cour de l'école, où des soldats se promènent. Des tentes sont dressées à droite et à gauche. Dans le fond, le monument de Gabriel.
Dessin à l'encre de Chine.

Haut., 31 cent., larg., 49 cent.

EISEN
(CHARLES)
Valenciennes, 1720-1778.

70 — **Projet de monument.**

Un médaillon de jeune femme orne une pyramide surmontée d'un vase porté sur un socle décoré d'amours et d'attributs.

Dessin au lavis d'encre de Chine.

Haut., 32 cent.; larg., 22 cent.

FRAGONARD
(HONORÉ)
Grasse, 1732-1806.

71 — **Les Jets d'eau.**

Des jeunes femmes sont surprises dans leur chambre à coucher par des jets d'eau qui jaillissent de deux lances passées par une trappe. Les unes sont étendues sur leur lit, une autre est montée sur un tabouret, ouvrant une paire de rideaux.

Dans le fond, une jeune femme, accoudée dans un œil-de-bœuf, éclaire la scène avec une lampe. Sous un lit, un petit chien couché.

Dessin à la sépia, gravé par Auvray.

Haut., 27 cent.; larg., 38 cent.

FREUDEBERG
(SIGISMOND)
1745-1801.

72 — **Le Petit jour.**

Au milieu d'une élégante chambre à coucher, un fermier général, assis dans une bergère, parle d'un air satisfait à une jeune femme qu'une servante habille d'une robe légère. Derrière elle, une cheminée ornée d'une glace et, à gauche, au fond, un lit à baldaquin défait.

Dessin à la plume rehaussé de bistre.

Au bas, sur la marge, le croquis d'un bras de femme dessiné au crayon.

Gravé par N. De Launay.

Haut., 39 cent.; larg., 22 cent.

GERSTMAIER
(JOSEPH)
École allemande, commencement du xix° siècle.

73 — **Portrait du Duc de Reichstadt.**

Il est debout dans un parc, en costume de hussard autrichien.

Aquarelle gouachée.

Haut., 40 cent.; larg., 29 cent.

GRAVELOT
(HUBERT)
1699-1773.

74 — **La Partie de cartes.**

Quatre personnages sont réunis dans un salon, décoré de boiseries et dont la haute fenêtre est ouverte sur un parc.

Eau-forte terminée à l'encre de Chine.

Haut., 21 cent.; larg., 18 cent.

HESSE
(HENRI-JOSEPH
Paris, 1781-1849.

75 — Portrait de Talleyrand.

Représenté en buste, en habit brodé orné des insignes de différents ordres.

Dessin au lavis de bistre rehaussé d'aquarelle.

Haut., 15 cent.; larg., 15 cent.

HILAIRE
(JEAN-BAPTISTE)
École française, XVIIIe siècle.

(DEUX PENDANTS)

76 — Le Jardin du Luxembourg.

A droite, des dames assises sur des chaises de paille regardent des enfants jouant avec un chariot. A gauche, un escalier ouvrant sur un terrasse où un soldat est accoudé.

D'autres promeneurs animent le parc.

Au second plan, s'élève une aile du palais.

77 — Le Jardin du Luxembourg.

Il est animé de plusieurs personnages : des dames, des enfants, un soldat; à gauche, la fontaine de Médicis; à droite, les bâtiments du séminaire de Saint-Louis, couverts d'un toit à la Mansard et en partie cachés par un massif d'arbres.

Aquarelles gouachées, signées et datées : *1793*.

Haut., 37 cent.; larg., 49 cent.

HOIN
(CLAUDE)
Dijon, 1750-1817.

78 — Portrait présumé d'Hortense Delannoy.

En buste, les cheveux bouclés et relevés sous un ruban bleu, un fichu sur les épaules, elle regarde vers la gauche.

Dessin au crayon noir et à l'estompe rehaussé de pastel.

On lit au bas : *La dévouée Hortense Delannoy, maîtresse du traître Robespierre.*

Haut., 37 cent.; larg., 26 cent.

HUET
(JEAN-BAPTISTE)
Paris, 1745-1811.

(DEUX PENDANTS)

79-80 — Les Singes prédicateurs.

L'un, dans un bateau, s'adresse à des cygnes; l'autre, dans une hotte, prêche devant un troupeau de dindons.

Gouaches de forme octogonale.

Haut., 28 cent.; larg., 28 cent.

HUQUIER
(GABRIEL)
Orléans, 1695-?

81 — Vue du cabinet de M. de Marigny.

Une large pièce sous un haut plafond à poutres apparentes, décorée de nombreux tableaux sur les murs et de consoles. A gauche, le jour entre par une fenêtre. Des vases ornent une cheminée sous un trumeau.

Sanguine.

Haut., 35 cent.; larg., 49 cent.

ISABEY
(JEAN-BAPTISTE)
Nancy, 1767-1855.

82 — Portrait présumé du Duc de Penthièvre.

Vu presque de face, assis, les mains croisées, il porte une redingote sombre sur un gilet blanc. Son tricorne est posé, à droite, sur une table couverte d'un tapis.

Dessin au crayon noir et à l'estompe rehaussé de blanc.

Signé à droite.

Haut., 28 cent.; larg., 21 cent.

JOLY
(ALEXIS-VICTOR)
Paris, 1798 † ?

83 — Te Deum dans une église.

Au milieu de la nef d'une église, on aperçoit, entre les colonnades de pierre, un faisceau de drapeaux devant lesquels de nombreux fidèles se tiennent.

Gouache.

Signé en bas, à gauche : *A. Joly fecit*.

Haut., 51 cent.; larg., 38 cent.

JUILLERA
(J.)
École française, xviiie siècle

84 — Épisode des guerres de la Révolution.

Aquarelle.

Signée et datée : *1797*.

Haut., 22 cent.; larg., 42 cent.

LAJOUE
(JACQUES de)
École française, 1687-1761.

85 — Projet d'une salle de fêtes.

Un monument circulaire, à galerie et colonnades, s'élève au milieu d'un parc. Il est entouré de personnages.

Dessin à la plume, lavé d'encre de Chine et d'aquarelle.

Haut., 30 cent.; larg., 52 cent.

LANGENDYK
(THIERRY)
Rotterdam, 1748-1805.

86 — Un Salon sous l'Empire.

Aquarelle.

Signée à gauche, et datée : *1805*.

Haut., 24 cent.; larg., 32 cent.

LARSONNEUR
École française, xviiie siècle.

87 — Vue du Palais de Justice, prise sur la cour du May.

On lit, au bas du dessin :

Vue perspective du monument du Palais, sur la cour du May,
continué sous le Ministère
de M. Joly de Fleury, Ministre d'État et des Finances,
sous les yeux de M. Debonnaire de Forges, Maistre des Requêtes, etc.
sur les dessins et conduite de
L. Desmaisons, Chevalier de l'Ordre du Roi, Architecte de sa Majesté.

Dessin au lavis d'encre de Chine rehaussé d'aquarelle.

Haut., 32 cent.; larg., 39 cent.

LEBARBIER
(JEAN-JACQUES-FRANÇOIS)
Rouen, 1738-1826.

88 — **Le Temple de l'Hyménée.**

Sous un temple à colonnades, un groupe entouré de personnages représente l'hymen. Un chevalier et une jeune femme se tiennent par la main, devant un autel. Sur un nuage, un génie voltige, portant un bouclier armorié. A droite et à gauche, deux groupes allégoriques.

Aquarelle.

Haut., 62 cent.; larg., 53 cent.

LE GUAY
(ÉTIENNE-CHARLES)
Sèvres, 1762-1840.

89 — **Portrait de jeune femme.**

Vue à mi-corps, tournée de trois quarts à droite, les cheveux relevés et bouclés, elle est couverte d'un manteau de soie blanc, orné de fourrure.

Dessin au crayon noir et à l'estompe rehaussé de sanguine.

Signé à gauche.

Haut., 37 cent.; larg., 25 cent.

LE GUAY
(ÉTIENNE-CHARLES)

90 — **La Ruche d'amours.**

Une jeune fille fuit devant un essaim d'amours s'échappant d'une ruche.

Dessin à la mine de plomb.

Signé à droite.

Haut., 19 cent.; larg., 23 cent.

LE GUAY
(ÉTIENNE-CHARLES)

91 — **Le Dauphin, fils de Louis XVI.**

Il bêche dans un jardin, devant un socle supportant un buste de fillette.

Dessin à la mine de plomb.

Signé à gauche.

Haut., 17 cent.; larg., 12 cent.

LEMOINE
(JACQUES-ANTOINE)
Rouen, 1752-1824.

92 — **Portrait de jeune femme.**

Debout dans un parc, les cheveux bouclés et poudrés, un bouquet de roses à son corsage vert, elle relève un tablier de mousseline sur son jupon bleu.

Dessin au crayon noir et à la sanguine, lavé d'encre de Chine et d'aquarelle.

Haut., 34 cent.; larg., 21 cent.

LEMOINE
(JACQUES-ANTOINE)

93 — **La Jeune musicienne.**

Une jeune femme assise pince du luth. Devant elle, une partition est ouverte sur une table.

On lit à droite : *Dessiné par Lem. à Malmaison, 1779.*

Dessin au crayon noir et à l'estompe.

Haut., 37 cent.; larg., 28 cent.

LEMOINE
(JACQUES-ANTOINE)

94 — **Buste de jeune fille nue, les cheveux traversés d'un ruban.**

Dessin ovale à la pierre noire et à l'estompe.
Signé et daté : *1780*.

Haut., 13 cent. ; larg., 10 cent.

LEMOINE
(JACQUES-ANTOINE)

95 — **Portrait de Mlle Crétu.**

Elle est représentée en buste, de profil, dans un médaillon orné de fleurs et de lauriers.

On lit sur l'encadrement : *Mlle Crétu, actrice du spectacle de Bordeau.*

Dessin au lavis de bistre.

Haut., 22 cent.; larg., 16 cent.

LIOTARD
(JEAN-ÉTIENNE)

Genève, 1702-1788.

96 — **La Ménagère endormie.**

Une jeune femme coiffée d'un bonnet, la jupe drapée sur son jupon rayé, est assise dans un intérieur sur une chaise de bois, accoudée sur une table et sommeillant.

Dessin au crayon noir et à l'estompe rehaussé de sanguine.

Haut., 40 cent. ; larg., 29 cent.

LOUIS
(VICTOR)
Paris, 1735-1807.

97 — Coupe d'une salle de spectacle.

Composition d'architecture animée de personnages.
Dessin au lavis d'encre de Chine.

Haut., 42 cent.; larg., 57 cent.

MARTIN
(PIERRE-DENIS)
École française, 1673-1742.

98 — Un Parc à la française.

Au centre des parterres, on remarque l'architecture de la salle à manger élevée dans les jardins de Trianon.
Au premier plan, sur une éminence de terrain, des cavaliers et des carrosses.
Dessin à la plume et au lavis d'encre de Chine.

Haut., 17 cent.; larg., 24 cent.

MEISSONIER
(E.)
Lyon, 1815-1891.

99 — Gentilhomme du temps de Louis XIII.

Marchant de droite à gauche, il frise sa moustache d'une main dégantée.
Dessin au lavis de bistre rehaussé de blanc.
Signé du monogramme et daté : *1878*.

Haut., 21 cent.; larg., 10 cent.

MEISSONIER
(E.)

100 — **Charles Ier.**

    Figure équestre.

    Dessin au lavis de bistre rehaussé de blanc.

    Signé du monogramme et daté : *Le Puy, 26 septembre 1874.*

                         Haut., 23 cent.; larg., 17 cent.

MOREAU LE JEUNE
(JEAN-MICHEL)

Paris, 1741-1814.

(DEUX PENDANTS)

Fêtes à l'Être Suprême, le 20 Prairial an 2.

101 — La première composition représente la foule à l'entrée des Jardins des Tuileries, autour du grand bassin. A droite, un char allégorique.

102 — La seconde composition représente le Champ de Mars, animé d'une foule innombrable, devant les bâtiments de l'École militaire.

    Dessins au crayon noir rehaussé de blanc, sur papier bistre.

    Signés à droite des initiales.

                         Haut., 27 cent.; larg., 44 cent.

MOREAU LE JEUNE
(Attribué à JEAN-MICHEL)

103 — Le Temple de l'Amour.

Au milieu d'un parc immense, au premier plan, un escalier séparé par deux terrasses de pierre ornées de statues, au-dessus desquelles des arbres s'élèvent en forme de panache. Au fond, un temple rond à colonnades se détache sur un rideau d'arbres aux colorations légères.

Gouache en manière de décor.

Haut., 58 cent.; larg., 69 cent.

NATOIRE
(CHARLES-JOSEPH)

Nîmes, 1700-1777.

104 — Femme nue.

Assise sur un lit de repos, le haut du corps tourné vers la droite et appuyé sur un coussin.

Dessin à la sanguine rehaussé de blanc.

Haut., 30 cent.; larg., 24 cent.

NICOLE
(NICOLAS)
Besançon, 1701-1784.

(DEUX PENDANTS)

105 — **Le Pont de l'Hôtel-Dieu.**
On remarque, sous les arches, des pêcheurs à la ligne et des religieuses lavant du linge.
Aquarelle signée à droite et datée : *1770*.

106 — **Le Pont Notre-Dame.**
Vue de la voûte du Petit Châtelet avec son corps de garde.
Aquarelle signée et datée : *1770*.

Haut., 27 cent.; larg., 43 cent.

NICOLE
(NICOLAS)

107 — **Composition architecturale.**
Au centre d'un monument à galerie et colonnades, s'ouvre une large piscine. Au premier plan, de nombreux personnages sous une voûte.
Aquarelle signée et datée : *1780*.

Haut., 35 cent.; larg., 50 cent.

NICOLE
(NICOLAS)

108 — **La Place du Vatican.**
Des carrosses et des cavaliers défilent devant de nombreux spectateurs.
Lavis de bistre rehaussé d'aquarelle.
Signé et daté : *1785*.

Haut., 35 cent.; larg., 54 cent.

OUDRY
(JEAN-BAPTISTE)
Paris, 1686-1755.

109 — **Vue de l'île des Cygnes du parc d'Arcueil.**

Des cygnes se baignent dans un bassin, devant un bosquet de treillage, orné de statues se détachant sur un fond de parc.

Dessin à la pierre noire rehaussé de blanc.

On lit, à gauche : *D'après nature, an 1745*.

Haut., 35 cent.; larg., 45 cent.

OZANNE
(NICOLAS-MARIE)
Brest, 1728-1811.

110 — **Le Grand bassin de Rambouillet.**

Le roi Louis XV et la reine Marie Leczinska, entourés de courtisans, vont pénétrer dans l'embarcation royale qui doit les mener à la rive opposée, derrière laquelle on aperçoit, à l'arrière-plan, le château de Rambouillet encadré de charmilles. A gauche, des rameurs accourent; on voit çà et là quelques personnages se promenant.

Dessin au lavis d'encre de Chine rehaussé d'aquarelle.

On lit, en bas, à gauche : *par Ozanne l'aisné*, et à droite : *en 1764*.

Haut., 22 cent.; larg., 45 cent.

PALLOY
(PIERRE-FRANÇOIS
Paris, 1754-1835.

111 — **Plan de la Bastille.**

On lit en haut et à droite, au-dessous d'une inscription relatant le rôle du signataire : *P. F. Palloy, patriote pour la vie.*

Aquarelle.

Haut., 1 m. 12 ; larg., 1 m. 28.

PAROY
(JEAN-PHILIPPE, Comte de)
Paris, 1750-1824.

112 — **La Caverne de brigands.**

Des bandits jouent aux cartes, sur le dos d'une malle, le sort d'une jolie captive.

Aquarelle gravée par l'artiste.

Haut., 28 cent.; larg., 45 cent.

PERCIER
(CHARLES)
Paris, 1764-1838.

113 — **Coupe d'une salle de fête.**

Un carrosse est arrêté devant un monument, où entrent des personnages pour se livrer au plaisir de la danse.

Dessin à la plume et au lavis d'encre de Chine et de bistre.

On lit à droite : *Exécuté rue du Bouloi en 1802.*

Haut., 56 cent.; larg., 80 cent.

POYET
(BERNARD)
Paris, 1742-1824.

114 — La Maison du Duc de Chartres.

Construite au couvent de Bellechasse, pour y élever les deux Princesses, ses filles.

Signé : *Poyet, architecte, ancien pensionnaire du Roy, 1778.*

Aquarelle.

Haut., 16 cent.; larg., 20 cent.

PRÉVOST
École française, xviiie siècle.

115 — Le Cabaret Ramponeau.

La foule remplit la haute salle, décorée d'enseignes et d'inscriptions humoristiques. Au centre, deux femmes se battent.

On lit, au bas, une inscription en vers, de chaque côté d'un médaillon représentant le portrait du tenancier.

Dessin au lavis d'encre de Chine.

Haut., 30 cent.; larg., 40 cent.

PRIEUR
(FRANÇOIS-LOUIS)
École française, xviiie siècle.

116 — L'Entrée du Roi par l'allée d'honneur des Tuileries.

Sous les arbres, à gauche et à droite, la foule court au devant du cortège royal. Dans le fond, on aperçoit, derrière les terrasses, les arbres des Champs-Élysées.

Dessin rehaussé d'aquarelle.

Signé des initiales et daté : *1779.*

Haut., 23 cent.; larg., 30 cent.

PRIEUR
(FRANÇOIS-LOUIS)

117 — **Le Peuple dansant sur les ruines de la Bastille.**

A droite, un arbre de la Liberté.

Aquarelle, signée : *P., 1791*.

Haut., 26 cent.; larg., 29 cent.

PRUD'HON
(PIERRE-PAUL)

Cluny, 1758-1823.

118 — **Jeune femme nue.**

Debout et accoudée sur un fût de colonne, les cheveux bouclés.

Dessin à la mine de plomb et à l'estompe rehaussé de sanguine, non terminé.

Haut., 16 cent.; larg., 9 cent.

REMBRANDT
(HARMENTZ VAN RYN)

Leyde, 1607-1669.

119 — **Les Premiers pas.**

Un homme assis, de profil, tend les mains vers un bébé que soutient sa mère.

Dessin à l'encre de Chine.

Haut., 16 cent. 1/2; larg., 64 cent. 1/2.

ROBERT
(HUBERT)
Paris, 1733-1806.

120 — **Fontaine monumentale.**

Deux femmes et un enfant sont arrêtés au bord d'une vasque en pierre, regardant l'eau couler d'une fontaine, formée de deux figures allégoriques élevées sur un piédestal.

Aquarelle, signée à droite.

Haut., 38 cent.; larg., 23 cent.

ROBERT
(HUBERT)

121 — **Temple et escalier monumental.**

Devant un temple circulaire, une fontaine jaillit dans une voûte entre deux escaliers de pierre ornés de sphinx. A gauche, de grands degrés donnant accès à une terrasse.

Aquarelle gouachée.

Haut., 35 cent.; larg., 60 cent.

ROBERT
(HUBERT)

122 — **Les Bains romains.**

Au milieu d'une voûte de pierre supportée par deux colonnes, se dresse la statue de Melpomène. En avant, un escalier de pierre devant lequel deux femmes causent. A gauche et à droite, des groupes assis et debout.

Dessin à la sépia rehaussé d'aquarelle.

Haut., 22 cent.; larg., 30 cent.

ROBERT
(HUBERT)

123 — **La Terrasse.**

Plantée de peupliers, elle domine un large fossé où l'on remarque plusieurs personnages parmi des ruines.

Dessin à la sanguine.

Haut., 40 cent.; larg., 34 cent.

ROBERT
(HUBERT)

124 — **Ruines du temple de Sérapis.**

Elles sont baignées par un cours d'eau bordé d'arbres.

Dessin à la sanguine.

Signé au centre.

Haut., 34 cent.; larg., 45 cent.

ROBERT
(HUBERT)

125 — **Vue d'une ville italienne.**

Devant une terrasse portant une colonnade demi-circulaire, deux hommes remuent un baquet.

Dessin à la sanguine.

Haut., 22 cent.; larg., 52 cent.

ROBERT
(HUBERT)

126 — **Vue d'un monument de Rome.**

Des masures entourant une cour cachent les soubassements d'un palais.

Dessin à la sanguine, daté : *1763*.

Haut., 46 cent.; larg., 34 cent.

ROBERT
(HUBERT)

127 — Ruines romaines.

Au centre, une colonnade demi-circulaire. Au premier plan, une cascade, des rochers et des broussailles.

Dessin à la sanguine.

Haut., 39 cent.; larg., 53 cent.

SAINT-AUBIN
(AUGUSTIN DE)
Paris, 1736-1807.

128 — Fête de nuit sur la place Louis XV.

La foule accourt sur le passage du Roi, sur la place illuminée. Dans le fond, les deux bâtiments de Gabriel brillent sous le ciel sombre.

Dessin au lavis d'encre de Chine.

Haut., 28 cent.; larg., 49 cent.

SAINT-AUBIN
(AUGUSTIN DE)

129 — Portrait de Mlle Dugazon.

Vue de profil à gauche, ses cheveux frisés traversés d'un ruban bleu tendre. Elle est vêtue d'un corsage rose cendré, surmonté d'un fichu de mousseline blanc. Un bouquet de roses est piqué sur le sein gauche.

Dessin de forme ovale à la pierre noire rehaussé d'aquarelle.

Haut., 20 cent.; larg., 18 cent.

SAINT-AUBIN
(Attribué à AUGUSTIN DE)

130 — **Vue du château et du parc de Versailles, prise devant le bassin de Latone.**

Des promeneurs animent les allées du parc. En haut et au centre de la composition, les armes du Marquis de Marigny et une banderole portant la dédicace au Directeur des Bâtiments du Roi.

Dessin à la pierre d'Italie.

Haut., 27 cent.; larg., 64 cent.

SAINT-AUBIN
(GABRIEL DE)
Paris, 1724-1780.

131 — **Une Galerie de sculptures.**

Vue en perspective, animée de visiteurs.
Dessin au lavis d'encre de Chine et de bistre.

Haut., 15 cent.; larg., 24 cent.

SAINT-AUBIN
(GABRIEL DE)

132 — **Allégorie à la gloire du Roi.**

Le Roi est entouré d'une foule de personnages. On remarque dans le fond le Palais de Justice et la Sainte-Chapelle.

Dessin au lavis de bistre et d'encre de Chine rehaussé de blanc.

Haut., 18 cent.; larg., 27 cent.

SERGENT-MARCEAU
(ANTOINE-FRANÇOIS)
Chartres, 1751-1847.

133 — La Charge du Prince de Lambesc.

Le régiment « Royal Allemand » charge la foule à l'entrée des Tuileries, le 12 juillet 1789.

Aquarelle signée à droite.

Gravée en couleurs par l'artiste en 1789.

Haut., 18 cent.; larg., 13 cent.

SERGENT-MARCEAU
(ANTOINE-FRANÇOIS)

(DEUX PENDANTS)

134 — L'Arrivée du Roi à Paris.

« Vue du Louvre au moment de l'arrivée du Roi à Paris, le 17 Juillet 1789, à 6 heures après midi, escorté d'un grand nombre de citoyens qui l'accompagne à l'Hôtel de Ville. »

135 — La Charge de Lambesc.

« Le Prince de Lambesc étant entré au Tuilleries à la tête d'un détachement « Le Royal Allemand », le 12 Juillet 1789, à 7 h. du soir, il met en fuite les citoyens qui s'y promenaient et sabrent en sortant un vieillard qui se trouvait sur son passage. »

Aquarelles gouachées.

Haut., 39 cent.; larg., 51 cent.

SERGENT-MARCEAU
(ANTOINE-FRANÇOIS)

136 — La Prise de la Bastille.

Frontispice pour illustrer un ouvrage.
Dessin au lavis d'encre de Chine.
Gravé par Sergent-Marceau.

Haut., 35 cent.; larg., 24 cent

SINGLETON
École anglaise, xviiie siècle.

137 — La Prise de la Bastille.

Devant la porte détruite de la forteresse, un officier des gardes est foulé aux pieds par les assaillants qui dirigent la gueule de leurs canons sur la prison. Des femmes, des enfants se ruent sur les royalistes. A travers d'épaisses fumées apparaît la Bastille.

Aquarelle.

Gravé par W. Nutter.

Haut., 47 cent.; larg., 58 cent.

THÉVENIN
(CHARLES)
Paris, 1764-1838.

138 — La Prise de la Bastille.

« De Launay, gouverneur de la forteresse, frappé par le peuple, meurt, victime du devoir. Au milieu d'une bataille indescriptible, le peuple, ivre de sang, massacre à coups de baïonnettes les soldats du Roi : les canons vomissent leur feu de révolte contre la forteresse, tandis que les bâtiments deviennent la proie des flammes. »

Dessin à la plume, rehaussé d'aquarelle et de gouache.

Gravé par Thévenin.

Haut., 47 cent.; larg., 58 cent.

TRINQUESSE
(LOUIS)
École française, xviiie siècle.

139 — Jeune femme lisant une lettre.

Assise dans un fauteuil, un pied appuyé sur un tabouret, une jeune femme a les yeux baissés sur un billet qu'elle tient de la main droite.

Dessin à la pierre d'Italie rehaussé de blanc.

Haut., 28 cent.; larg., 22 cent.

TRINQUESSE
(LOUIS)

140 — La Bascule.

D'élégants personnages se divertissent dans un parc, au clair de la lune.

Dessin à la plume et au lavis de bistre rehaussé de blanc.

Haut., 41 cent.; larg., 26 cent.

VAILLANT
(WALLERANT)
Lille, 1623-1677.

141 — Portrait de la Duchesse de Longueville.

Vue à mi-corps dans un médaillon de pierre, en robe jaune décolletée, les cheveux bouclés.

Pastel.

Signé à droite et daté : *1665*.

Haut., 33 cent.; larg., 27 cent.

Cadre en bois sculpté.

VIGNON
(PIERRE)
École française, xviiie siècle.

142 — **Vue d'une église.**

Elle est ornée d'un portique à colonnades, dominant une place publique où de nombreux personnages vont et viennent. A droite, l'éventaire d'une marchande de soupe.

Aquarelle.

Signée à droite.

Haut., 41 cent.; larg., 65 cent.

WITT
(JACQUES DE)
Amsterdam, 1695-1754.

143 — **Le Printemps.**

144 — **L'Été.**

145 — **L'Automne.**

Compositions allégoriques pour plafonds.

Dessins au lavis de bistre ou d'encre de Chine, rehaussés d'aquarelle.

Signés.

Haut., 26 cent.; larg., 37 cent.

ÉCOLE ALLEMANDE
(xviiie siècle)

146 — **La Salle de jeu.**

Des joueurs se querellent et se battent ; à gauche, un hallebardier et des hommes d'armes entrent par une porte.

Dessin au lavis d'encre de Chine.

Haut., 28 cent.; larg., 42 cent.

ÉCOLE ANGLAISE
(Fin du xviiie siècle)

147 — Vue d'un parc anglais.

Des cavaliers et des promeneurs suivent une route autour d'une pièce d'eau.
Dans le fond, un monument surmonté d'un campanile.
Aquarelle signée sur une barrière.
On lit sur la balustrade : *Paddington*.

Haut., 30 cent.; larg., 23 cent.

ÉCOLE FLAMANDE
(Fin du xvie siècle)

148 — Festin dans les parterres d'un château, en contre-bas d'une terrasse où jouent des musiciens.

Gouache, signée en bas, à droite, et datée : *F. D. 1590*.

Haut., 12 cent.; larg., 16 cent.

Cadre Louis XIII, en bois sculpté et doré.

ÉCOLE FRANÇAISE
(xviie siècle)

149 — La Toilette.

Dans le vestibule d'un palais ouvrant sur un parc, une jeune femme est debout devant une table-toilette ; elle se laisse coiffer par une suivante, pendant qu'elle regarde deux amours : l'un, lui présentant un médaillon du roi Louis XIV, et l'autre pinçant une lyre.
Dessin à l'encre de Chine.

Haut., 35 cent.; larg., 44 cent.

ÉCOLE FRANÇAISE
(xviie siècle)

150 — **Réunion de gentilshommes à l'entrée d'un palais donnant sur une cour.**

Gouache.

Haut., 12 cent.; larg., 19 cent,

Cadre Louis XIII en bois sculpté et doré.

ÉCOLE FRANÇAISE
(xviie siècle)

151 — **Costumes.**

Un seigneur vêtu de rouge.
Une dame de qualité vêtue de rose.
Un seigneur vêtu de gris.
Une dame de qualité vêtue de jaune.
Aquarelles.

Haut., 14 cent.; larg., 10 cent.

Cadre en bois sculpté.

ÉCOLE FRANÇAISE
(xviiie siècle)

152 — **L'Offrande à l'Amour.**

Une jeune et charmante femme, vêtue d'une robe de soie bleue, vient de déposer des roses sur la statue de l'Amour et lui prend en échange une flèche qu'elle enlève de son carquois. Des roses trémières encadrent cette scène qui se détache sur le fond d'un parc.

Gouache.

Haut., 32 cent.; larg., 26 cent.

ÉCOLE FRANÇAISE
(xviiie siècle)

153 — Le Retour de la chasse.

Une châtelaine, assise à droite de la terrasse d'un château, reçoit ses invités qui rentrent de la chasse.

Gouache.

Haut., 20 cent.; larg., 36 cent.

ÉCOLE FRANÇAISE
(xviiie siècle)

154 — Un Parc.

Deux allées de peupliers bordent un bassin rectangulaire, animé de bateaux, où prennent place des dames et des gentilshommes. A droite et à gauche, des promeneurs; dans le fond, un pavillon.

Aquarelle.

Haut., 23 cent.; larg., 39 cent.

ÉCOLE FRANÇAISE
(xviiie siècle)

155 — Un Bal paré.

Une élégante société, parée et costumée, est assise à droite et à gauche, dans un salon regardant un couple danser au son d'un orchestre.

Aquarelle gouachée.

Haut., 23 cent.; larg., 32 cent.

ÉCOLE FRANÇAISE
(xviiie siècle)

156 — Une Fontaine monumentale.

Elle s'élève dans un parc orné de charmilles. Au premier plan, des personnages.

Aquarelle gouachée.

Haut., 53 cent.; larg., 36 cent.

ÉCOLE FRANÇAISE
(xviiie siècle)

157 — La Visite à l'atelier.

Un artiste, vu de dos, est assis devant son chevalet; un gentilhomme, en habit bleu, lorgne une jeune femme nue assise sur une chaise longue. A droite, un autre personnage coiffé d'un tricorne.

Pastel de forme ovale, sur vélin.

Haut., 53 cent.; larg., 41 cent.

ÉCOLE FRANÇAISE
(xviiie siècle)

158 — Les Rendez-vous.

D'élégants personnages se promènent, au clair de lune, dans un parc à la française, orné de statues.

Pastel.

Haut., 28 cent.; larg., 37 cent.

ÉCOLE FRANÇAISE
(xviiie siècle)

159 — L'Allemande, chez Rugieri.

Un couple fait apprécier une danse aux spectateurs réunis devant un décor d'architecture.

A droite, un orchestre.

On lit, au bas : *L'Allemande, chez Rugieri, devant le Palais du Soleil.*

Dessin à la plume.

Haut., 16 cent.; larg., 25 cent.

ÉCOLE FRANÇAISE

(xviiie siècle)

160 — Hôtel de Thelusson, en construction à Paris.

A gauche, le portail de l'hôtel sous lequel passe une voiture. Au centre, à droite, des maçons construisent le mur de clôture ; un chariot attelé de quatre chevaux porte des madriers. Au fond, les pavillons reliés aux galeries.

Dessin rehaussé d'aquarelle.

Haut., 35 cent.; larg., 68 cent.

ÉCOLE FRANÇAISE

(xviiie siècle)

161 — Figures de la Comédie-Française.

Mlle Dumesnil et M. Lekain dans *Jocaste et Œdipe*.
M. Molé et Mlle Sainval dans *Andromaque et Pyrrhus*.
M. Lekain dans *Œdipe*.
M. Préville dans *Crispin, médecin*.
Mlle Dumesnil dans *Élisabeth*, du *Comte d'Essex*.
Mlle Clairon dans *Diane*, de l'opéra de *Sylvie*.
M. Préville dans *M. Leblanc*, de *la Fille Capitaine*.
M. Brisard dans *Zopir*, de *Mahomet*.
MM. Préville et Augé dans *Me Sangsue* et *M. Brigandeau*, du *Mercure Galant*.
Mlle Dumesnil et M. Molé dans *Mérope et Egiste*.
M. Lekain dans *Gustave*.
Une artiste dans *Électre*, d'*Oreste*.

Quatorze compositions sur vélin, à l'aquarelle, rehaussées d'or, dans le même cadre.

ÉCOLE FRANÇAISE

(xviiie siècle)

162 — Figures de la Comédie Italienne.

Mme Favart dans *la Vieille*, de *la Fée Urgel*.
M. Clairval dans *le chevalier Robert*, de *la Fée Urgel*.
M. Laruette dans *Pierre Leroux*, de *Rose et Colas*.
M. Cailleau dans *Werstem*.
M. Carlin dans *Arlequin*, du *Prince de Salerne*, acte 1er.
M. Carlin dans *Arlequin en voleur*, à *Art voleur, Prévost et Juge*.
M. Carlin en *Arlequin*.
Arlequin en deuil de son maître, dans le *Vieillard amoureux*.
Cinq artistes en gentilshommes.
Treize aquarelles sur vélin, dans le même cadre.

ÉCOLE FRANÇAISE

(xviiie siècle)

163 — Figures d'Opéras.

M. Legros et Mlle Arnould dans *Castor et Pollux*.
Mlle Duplan jouant le rôle de *Médée*, dans *Thésée*.
MM. Vestris père et fils et Mlle Guimard dans *le ballet d'Endymion*.
M. Gélin et Mlle Durancy dans *Castor et Pollux*.

Quatre compositions sur vélin à l'aquarelle, rehaussées d'or, dans le même cadre.

ÉCOLE FRANÇAISE

(xviiie siècle)

164 — Figures du théâtre de Drurylane.

M. Garrick dans *King Richard*.
M. Garrick dans *John Brute*.
MM. Weston et Garrick dans *Scrub* et *Archer*.
MM. Barry et Garrick dans *Violante* et *D. Félix*.

Quatre compositions sur vélin à l'aquarelle, dans le même cadre.

ÉCOLE FRANÇAISE

(xviiie siècle)

165 — Figures de ballet.

Un saint Pierre dansant et une soupirante en bleu.
Un danseur et une danseuse en rose et noir.
Un Chinois et une Chinoise.

Six aquarelles dans le même cadre.

ÉCOLE FRANÇAISE

(xviiie siècle)

166 — Figures de ballet.

Un Turc et une bayadère.
Un paysan et une paysanne en bleu.
Un danseur et une danseuse orange.

Six aquarelles dans le même cadre.

ÉCOLE FRANÇAISE

(xviiie siècle)

166bis — **Figures de ballet.**

Un danseur et une danseuse vêtus de rose.
Un bacchant et une bacchante.
Un danseur et une danseuse vêtus de bleu.
Six aquarelles dans le même cadre.

ÉCOLE FRANÇAISE

(xviiie siècle)

167 — **La Promenade en forêt.**

Deux jeunes femmes en toilette décolletée suivent un sentier.

Dessin à la plume et au lavis de bistre.

Haut., 32 cent.; larg., 43 cent.

ÉCOLE FRANÇAISE

(Commencement du xixe siècle)

168 — **Le Passage des Variétés.**

Il est rempli de promeneurs circulant devant les magasins dont on remarque les enseignes.

On lit, en haut : *Théâtre des Variétés.*

Aquarelle.

Haut., 24 cent.; larg., 16 cent.

ÉCOLE FRANÇAISE
(Première moitié du xixᵉ siècle)

169 — Vue du pavillon de Flore, prise des bords de la Seine, près du pont Royal.

Aquarelle.

Haut., 34 cent.; larg., 50 cent.

ÉCOLE HOLLANDAISE
(xviiᵉ siècle)

170 — L'Entrée d'une bourse de Commerce.

Gouache.

Haut., 13 cent; larg., 19 cent.

Cadre Louis XIII en bois sculpté et doré.

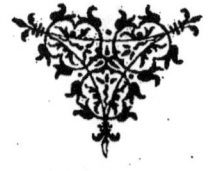

OBJETS D'ART & D'AMEUBLEMENT

FAIENCES & PORCELAINES

171 — Pot a eau et bassin en ancienne faïence de Moustiers : paysages animés et guirlandes.

Hauteur du pot, 22 cent.

172 — Deux grands vases avec couvercles en ancienne faïence de Marseille, fabrique de la veuve Perrin, présentant des réserves contenant des paysages animés et se détachant sur un fond marbré, chargé de fleurs et de en ronde bosse.

Haut., 60 cent.

173 — Chaise percée en ancienne faïence de Rouen, décor bleu à lambrequins.

Haut., 47 cent.

174 — Deux plats ronds en ancienne faïence de Strasbourg, à décor de grosses fleurs. Au revers de l'un d'eux, la marque de *Hannong*.

Diam., 49 cent.

175 — Deux compotiers en ancienne faïence de Delft, décorés chacun d'un monogramme timbré d'une couronne de comte, au milieu de feuillages avec lambrequins à la chute. Au revers, la marque de *Pynacker*.

Diam., 22 cent.

176 — **Deux vases** de pharmacie à deux anses en ancienne faïence d'Urbino, à décor de grotesques, d'un côté, de feuillages en camaïeu bleu, de l'autre.

Haut., 32 cent.

177 — **Deux flambeaux** en ancienne porcelaine de Chine, décorés en bleu avec armoiries polychromes.

Haut., 24 cent.

178 — **Théière et sucrier** avec couvercles, dix tasses et huit soucoupes, en deux modèles, aux armes de la Du Barry. Ancienne porcelaine de la Compagnie des Indes.

Hauteur de la théière, 14 cent.

179 — **Groupe** en ancienne porcelaine de Frankenthal : scène galante à deux personnages, occupés à boire sous un bosquet.

Haut., 31 cent.

180 — **Deux statuettes** en ancienne porcelaine de Louisbourg, représentant : l'une, Minerve ; l'autre, la Vénus au dauphin.

Haut., 29 cent.

181 — **Assiette** en ancienne porcelaine tendre de Sèvres, au chiffre de la Du Barry, avec décor de vases et guirlandes au marli.

Diam., 24 cent.

182 — **Groupe** en ancien biscuit de Sèvres : le Jaloux, composition de trois personnages groupés autour d'un socle. Marque de *Fernex*.

Haut., 25 cent.

183 — **Groupe** en ancien biscuit de Sèvres : satyre, bacchantes et enfants.

Haut., 23 cent.

184 — Deux groupes en ancien biscuit de Sèvres, personnifiant l'Été et l'Automne. Marque de *Le Riche*.

Haut., 24 cent.

185 — Grand groupe en ancien biscuit : la Naissance de Bacchus.

Haut., 35 cent.

MINIATURES

186 — Miniature oblongue : portrait de femme, à mi-corps, vêtue de noir et tenant une perruche. Époque Régence.

Haut., 55 millim.; larg., 70 millim.

187 — Miniature ronde : portrait de Marie-Antoinette dauphine, en buste, vêtue d'un corsage décolleté, un ruban rose au cou. Fin de l'époque Louis XV.

Diam., 5 cent.

188 — Miniature ronde, représentant Camille Desmoulins et Lucile auprès d'un clavecin. Miniature non terminée, par *Leguay* (Étienne-Charles Leguay, né en 1762).

Diam., 8 cent.

189 — Miniature ronde : portrait de femme, à mi-corps, vêtue de blanc avec chapeau relevé, ceinture bleue et écharpe noire. Fin de l'époque Louis XVI.

Diam., 7 cent.

190 — Miniature ovale : portrait de femme en corsage rose décolleté. Époque Louis XVI.

Grand diam., 45 millim.

191 — Miniature ovale : portrait de femme en corsage bleu avec écharpe de dentelle noire et coiffure de mousseline. Époque Louis XVI.

Grand diam., 40 millim.

192 — Miniature ovale, portrait de femme en buste, vêtue d'un corsage bleu à rubans blancs; cheveux poudrés retenus par un ruban. Signée : *H. D., 1785*. Époque Louis XVI.

Grand diam., 65 millim.

193 — Petite miniature ovale, portrait de femme en corsage marron, les cheveux poudrés, avec ruban bleu et plume blanche. Époque Louis XVI.

Grand diam., 55 millim.

194 — Miniature ronde, portrait de femme en buste, vêtue d'un corsage noir, les cheveux défaits ; fond de paysage. Époque révolutionnaire.

Diam., 65 millim.

195 — Miniature, portrait d'officier en habit bleu, à collet et épaulettes rouges, et parements blancs. Époque révolutionnaire.

Diam., 65 millim.

196 — Miniature ronde, jeune femme assise et jouant du clavecin; elle est vêtue d'un corsage bleu et coiffée d'une couronne de roses. Par *Bouton*. Fin du xviiie siècle.

Diam., 75 millim.

197 — Miniature ronde : portrait de femme à mi-corps, vêtue d'un corsage rayé bleu et coiffée d'un bonnet à deux rangs de perles, par *Marco Gabicchia*. Fin du xviiie siècle.

Diam., 7 cent.

198 — Miniature ovale : portrait d'homme en habit rouge. Fin du xviiie siècle.

Grand diam., 45 millim.

199 — Miniature ovale : portrait de jeune femme vêtue de blanc avec ceinture bleue et s'appuyant sur des volumes. Fin du xviiie siècle.

Grand diam., 75 millim.

200 — Petite miniature ovale : portrait de jeune officier en buste, portant une tunique bleue à collet rouge. Fin du xviiie siècle.

Grand diam., 25 millim.

201 — Miniature ronde : portrait d'homme en buste, en habit bleu à parements rouges. Fin du xviiie siècle.

Diam., 6 cent.

202 — Miniature ronde : portrait de femme en corsage gris avec fichu blanc; fond de verdure. Fin du xviiie siècle.

Diam., 6 cent.

203 — Miniature ronde : portrait de femme en buste, des roses dans les cheveux, vêtue d'une chemisette couverte d'une tunique violette. Fin du xviiie siècle.

Diam., 7 cent.

204 — Miniature par *Fontallard* : portrait de jeune femme, portant une écharpe mauve sur un corsage blanc; un foulard, mauve également, est noué autour de sa tête. Fin du xviiie siècle.

Diam., 6 cent.

205 — Miniature ronde : portrait d'homme en buste, vêtu d'un habit noir avec cravate blanche. Commencement du xixe siècle.

Diam., 5 cent.

206 — Miniature ovale de l'école d'Isabey, portrait présumé de la comtesse de Kercado, en buste, des fleurs dans les cheveux, un grand voile sur la tête.

Grand diam., 14 cent.
Petit diam., 11 cent.

OBJETS DIVERS

207 — Tabatière plate en or guilloché, du commencement du xixe siècle; bordures de rinceaux ciselés.

Long., 6 cent.

208 — Boite en racine, décorée d'une miniature, vue de port de mer; avec double fond, contenant une autre miniature : *le Roman dangereux*. Aurait appartenu à Beaumarchais.

Diam., 8 cent.

209 — Tabatière en écaille, ornée d'un fixé : vue de port de mer.

Long., 65 millim.

210 — Quinze boutons peints sous verre, à décor d'emblèmes. Époque révolutionnaire.

Diam. de l'un, 35 millim.

211 — Anneau d'argent aux effigies de Lepelletier et de Marat, exécutées sur cuivre, avec les inscriptions : *Marat, martir de la liberté* — *Lepelletier, martir de la liberté*.

Diam., 20 millim.

OBJETS DIVERS

212 — Médaillon en verre, présentant, en bas-relief, un buste d'officier de profil, exécuté en cire de couleur. Époque Louis XVI.

Diam., 14 cent.

213 — Médaillon rond en schiste, présentant, en bas-relief, un buste de femme de profil, vêtue d'un corsage décolleté, exécuté en cire de couleur.

Diam., 11 cent.

214 — Deux seaux en argent en forme de vases avec couvercles ; décor de feuillages au culot. Travail d'Amsterdam. Fin du XVIIIe siècle.

Haut., 31 cent.

215 — Nef en argent, montée sur roulettes et ornée de personnages et de canons. Travail hollandais.

Haut., 44 cent.

216 — Sucrier en argent doré avec couvercle, décoré de guirlandes, et sur trois pieds ornés de têtes de boucs. Travail anglais.

Haut., 15 cent.

217 — Petit monument en forme de rotonde sur plan hexagonal, plaqué d'ivoire sculpté ; dôme à imbrications, décor de feuillages et guirlandes. Travail italien de la fin du XVIe siècle.

Haut., 45 cent.

218 — Cartel porte-montre en bois et carton peints et dorés, à décor de rocailles, avec mascaron en haut ; à la partie intérieure, figure de génie assis sur un trophée d'étendards avec cartouche aux armes de France. Époque Régence.

Haut., 28 cent.

219 — Baromètre-thermomètre du temps de Louis XVI, en bois sculpté et doré, à décor de branches de laurier, guirlandes de fleurs, rubans, attributs de musique et couronnes de feuillages.

Haut., 1 m. 23

220 — Deux statuettes allégoriques en bois sculpté, peint et doré; anges debout portant sur la tête des cornes d'abondance. Italie, xviiie siècle.

Haut., 1 m. 40.

221 — Râpe a tabac en ivoire sculpté, présentant une femme à sa toilette, au milieu des rochers. Époque Régence.

Long., 21 cent.

222 — Médaillon en plâtre : Mme Vigée-Lebrun, vue de profil, en buste, par *Chaudet*. Encadré.

Diam., 12 cent.

223 — Écritoire composée d'un plateau d'ancienne laque dans une monture en bronze, avec trois récipients en forme de vases et double porte-lumière également en bronze.

Larg., 50 cent.

224 — Boite à jetons décorée au vernis : allégorie de la Fortune sur fond vert. Elle contient quatre boîtes en ivoire, ornées de sujets tirés des Fables de La Fontaine. xviiie siècle.

Larg., 19 cent.

225 — Autre boite à jetons en bois décoré au vernis, contenant quatre petites boîtes ; décor à sujet galant sur la grande boîte ; enfants personnifiant les Saisons sur les petites.

Larg., 18 cent.

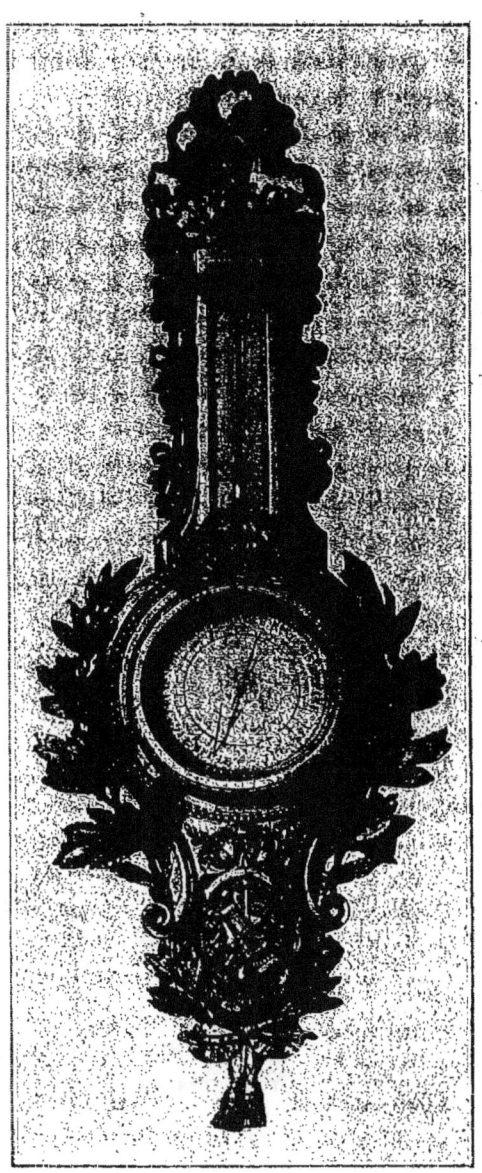

Nº 219.

226 — Vase-balustre avec couvercle en bronze et émail cloisonné, à motifs irréguliers sur fond bleu ; anse à torsade. Ancien travail chinois.

Haut., 27 cent.

227 — Brasero en cuivre sur trois pieds griffes. Travail espagnol.

Diam., 60 cent.

228 — Samovar de forme sphérique, en cuivre patiné et doré, à anses mufles de lions. Époque du Premier Empire.

Haut., 45 cent.

229 — Deux lanternes d'apparat en fer repoussé et doré, décorées de figures de chérubins et surmontées de l'étendard de Saint-Marc. Venise, xviie siècle. Hampes en bois.

Hauteur des lanternes, 1 m. 10.

230 — Trois groupes de soldats de plomb du xviiie siècle.

Haut., 3 cent.

231-232 — Deux petits canons en bronze, à décor de trophées et armoiries, sur affûts en bois garnis de fer. xviiie siècle.

Longueur totale, 1 m. 25.

233 — Sabre à garde de bronze composée d'emblèmes révolutionnaires : fusée formée d'un faisceau de licteur surmonté d'un bonnet phrygien ; branches de garde à feuilles de chêne ; coquille présentant la Déclaration des Droits de l'homme et l'acte constitutionnel de la République française. Fourreau offrant des emblèmes variés.

Long., 1 m. 06.

234 — Trompette allemande, signée : *Philipp Scholler in Münchеn*, avec pavillon en soie et broderie d'argent aux armes d'Empire. xviiie siècle.

Long., 75 cent.

235 — Tambour orné d'une armoirie avec la date *1621*.

Haut., 37 cent.

236 — Grand tambour orné d'un écusson aux armes de Bavière. xviiie siècle.

Haut., 50 cent.

237 — Harpe en bois sculpté, peint et doré, à décor de personnages, fleurs et attributs. Époque Louis XVI.

Haut., 1 m. 60.

238 — Clavecin à caisse peinte à décor de figures, fleurs et rocailles sur fond or. L'intérieur du couvercle présente *l'Enlèvement d'Europe,* composition de nombreux amours, tritons et néréides. Table d'harmonie ornée de fleurs. xviiie siècle.

Long., 2 m. 25; larg., 95 cent.

239 — Chaise a porteurs peinte sur toile, monture en bois doré, décor de marines, fleurs et attributs sur fond rose. Époque Louis XV.

Haut., 1 m. 65.

240 — Chaise a porteurs peinte sur toile et à monture de bois sculpté et doré. Elle présente des figures mythologiques, des fleurs, des armoiries et des rocailles sur fond bleu. Époque Louis XV.

Haut., 1 m. 75.

MARBRES — TERRES CUITES

241 — Petit buste en terre cuite réprésentant une jeune

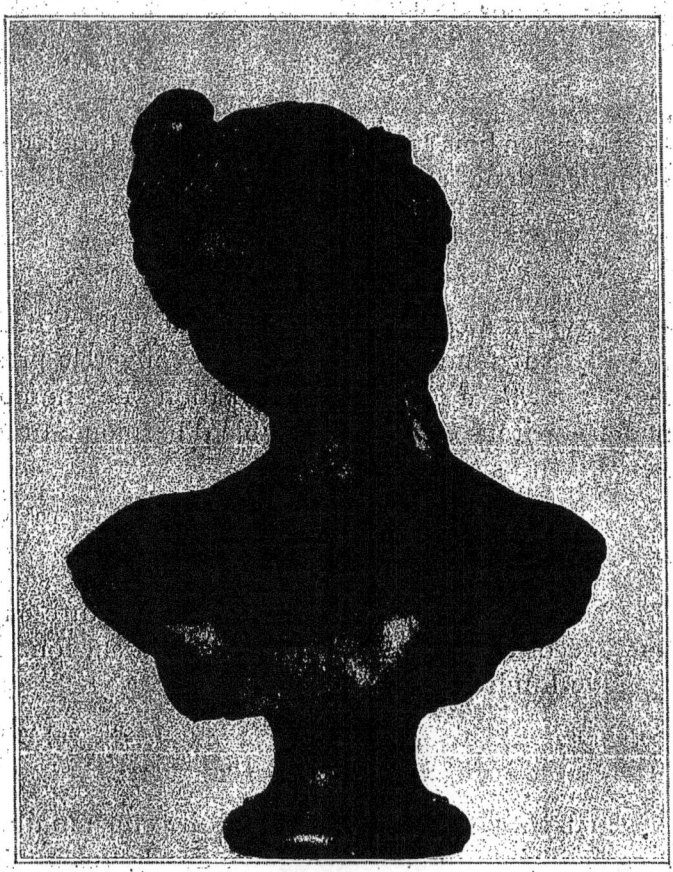

N° 241.

femme, les épaules nues, la tête inclinée, les cheveux retenus par des rubans. Époque Louis XV. Socle en bois.

Haut., 21 cent.

242 — Haut-relief en marbre blanc : Alexandre le Grand faisant peindre sa maîtresse Campaspe par Apelle. Composition de cinq personnages, fond architectural. École française du xviiie siècle.

Haut., 85 cent.; larg., 70 cent.

243 — Deux jardinières oblongues, en marbre brèche violette, munies de deux anses à têtes de satyres, et ornées d'un trophée d'attributs ainsi que de volutes. Elles reposent sur quatre pieds de biches. xviiie siècle. Provenant du château de Meudon.

Haut., 85 cent.; larg., 80 cent.

244 — Buste en marbre blanc, grandeur nature, d'empereur romain, une draperie sur les épaules, la tête légèrement tournée. Travail italien du xviiie siècle.

Haut., 84 cent.

245 — Buste de femme, grandeur nature, à tête de marbre blanc et chlamyde de marbre de couleurs. Travail italien du xviiie siècle, d'après l'antique.

Haut., 67 cent.

246 — Buste de femme en marbre blanc, grandeur nature. Elle est vêtue à l'antique et porte une ceinture; dans les cheveux, un diadème. Travail italien du xviiie siècle, d'après l'antique.

Haut., 66 cent.

247 — Deux grands motifs, composés de dauphins et de cornes d'abondance, dix marches de cascade, et fragment de vasque en marbre du xviiie siècle, provenant de la fontaine du bosquet de l'Arc de Triomphe de Versailles.

Haut. des motifs, 80 cent.; larg., 1 m. 70.

248 — Groupe, grandeur nature, en terre cuite : l'Hamadryade, d'après Coysevox.

Haut., 1 m. 55.

249 — Bas-relief rectangulaire, en terre cuite, présentant le Triomphe de Bacchus; composition de six personnages, bacchants, bacchantes et enfants satyres.

Haut., 57 cent.; larg., 1 m. 15.

250 — Deux gaines plaquées de marbre de couleurs.

Haut., 1 m. 25.

BRONZES — PENDULES

251 — Mortier en bronze, décoré d'armoiries et de feuillages; anses à volutes. Italie, xvie siècle.

Haut., 13 cent.

252 — Deux bras-appliques Régence, à deux lumières, en bronze redoré, à figures d'amours.

Haut., 43 cent.

253 — Serrure en bronze doré et acier, à rosace et entrelacs. Époque Louis XVI.

Haut., 12 cent.; larg., 15 cent.

254 — Paire de flambeaux, en bronze ciselé et doré, décorés de cannelures torses et de feuillages. Époque Louis XVI.

Haut., 31 cent.

255 — Pendule en bronze patiné et doré, offrant sur le mouvement une figure allégorique de femme assise, représentant la Science. D'un côté, un petit génie; de l'autre, une sphère armillaire. La base offre une frise symbolique des sciences et des arts. Époque Louis XVI.

Haut., 53 cent.

256 — Paire de candélabres, en bronze patiné et doré, composés chacun d'une figure de nymphe debout

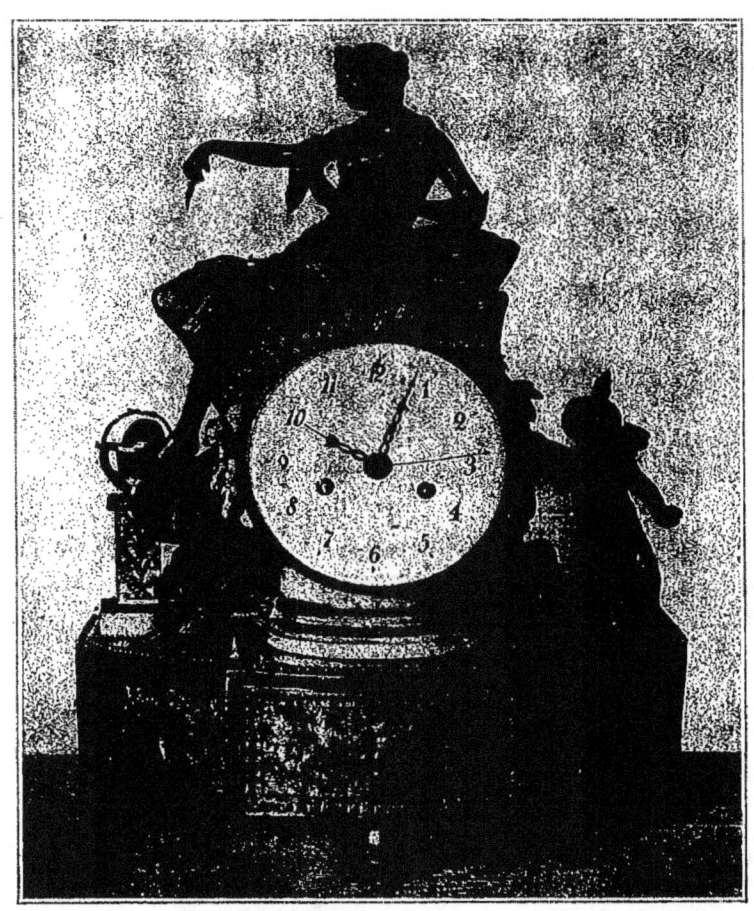

N° 255.

portant le bouquet de lumières. Base en marbre blanc, ornée de guirlandes de bronze. Époque Louis XVI.

Haut., 70 cent.

257 — Grande pendule a musique, en marbre blanc et bronze doré du temps de Louis XVI. Le mouvement, surmonté d'une pyramide, est encadré de quatre colonnettes enguirlandées supportant des attributs. La base, renfermant le mécanisme, est décorée de pilastres ainsi que d'une lyre et d'un masque du soleil. Elle proviendrait de la chambre à coucher de Louis XVI, à Fontainebleau.

Haut., 1 m. 16; larg., 57 cent.

258 — Pendule en bronze doré vermeil et or mat, décorée d'un groupe de trois statuettes : Vénus et Cérès enguirlandant l'Amour de fleurs. Base oblongue, ornée d'une frise de jeux d'enfants dressant un dieu terme. Mouvement apparent; cadran marquant les quantièmes. Fin de l'époque Louis XVI. Contre-socle en bois doré.

Haut., 38 cent.

259 — Dauphin en bronze patiné, provenant d'une fontaine. xviiie siècle.

Long., 20 cent.

260 — Bas-relief sans fond, en bronze à patine noire, représentant le Jugement de Pâris. Il est appliqué sur une plaque de marbre lumachel et encadré de marbre petit antique. xviiie siècle.

Haut., 43 cent.; larg., 70 cent.

261 — Pendule en bronze doré, à mouvement contenu dans un vase dont les anses sont formées de génies ailés soutenant des guirlandes de raisin. Ce vase repose sur une base portée par quatre lions couchés. Cadran à quantièmes, signé : *Ridel, à Paris*. Fin du xviiie siècle.

Haut., 55 cent.

262 — Pendule en marbre blanc et bronze patiné et doré, de la fin du xviiie siècle, à mouvement couronné d'un

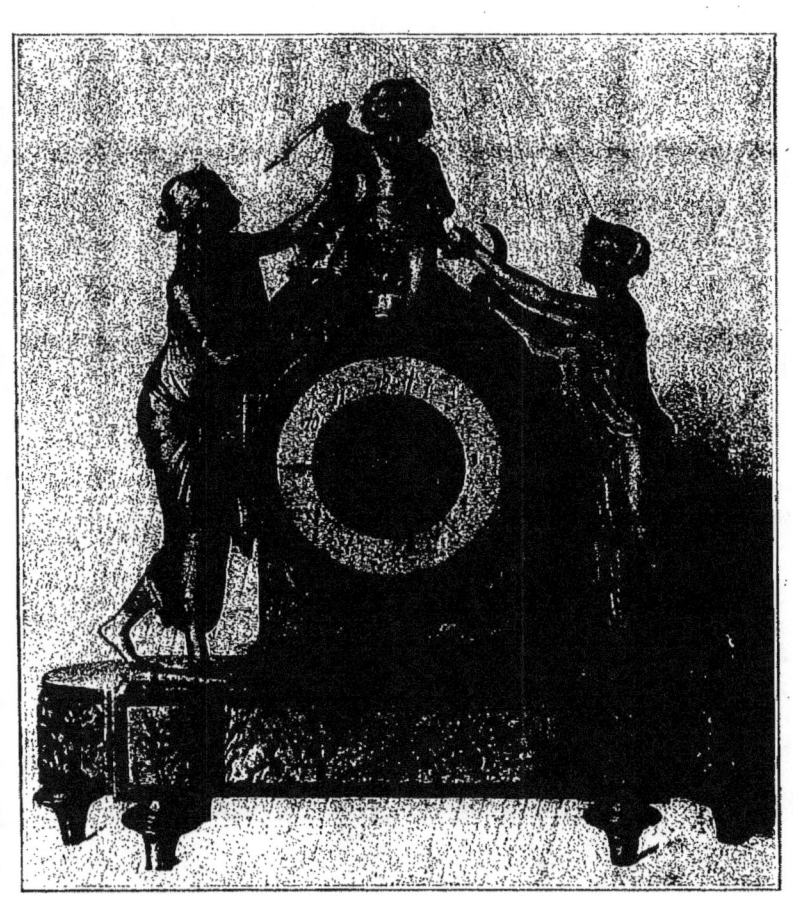

N° 258.

aigle et porté par deux pilastres, ornés de cariatides et surmontés de sphinx.

Haut., 75 cent.

263 — **Paire de grands flambeaux** en bronze patiné et doré, formés chacun d'une cariatide de femme tenant une corbeille et sur base à guirlandes de laurier. Fin du xviiie siècle.

Haut., 37 cent.

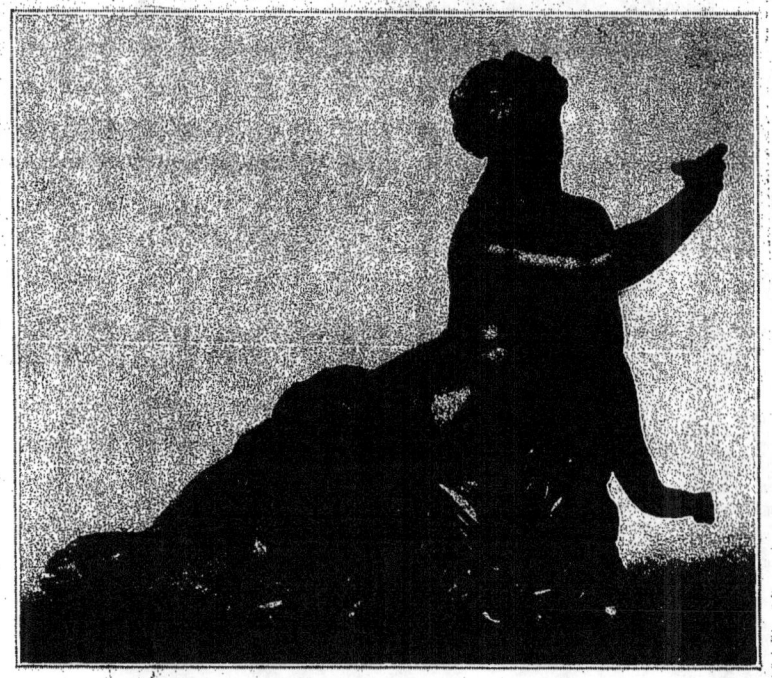

N° 264.

264 — **Statuette** en bronze, à patine noire, représentant une naïade étendue, le torse nu, les jambes en partie recouvertes d'une draperie. Fin du xviiie ou commencement du xixe siècle.

Haut., 42 cent.

265 — Lustre à trois rangs de lumières, en bronze, garni de pendeloques, guirlandes et grappe de raisin en cristal de roche.

Haut., 1 mètre.

MEUBLES
COUVERTS EN TAPISSERIE

266 — Tabouret à X en bois doré, couvert en tapisserie d'Aubusson du temps de Louis XV : les Petits oiseleurs. Encadrement rouge à rocailles et guirlandes de fleurs.

Larg., 45 cent.

267 — Canapé et quatre fauteuils en bois doré, couverts en tapisserie d'Aubusson du temps de Louis XV. Les dossiers présentent des compositions pastorales à personnages et les sièges, des groupes d'animaux. Bordures de fleurs et de rocailles avec contrefond rouge.

Largeur du canapé, 1 m. 50.

268 — Écran en bois sculpté et doré; feuille en tapisserie d'Aubusson du temps du Louis XV présentant une bergère et un enfant dans un paysage. Encadrement de rocailles, bordure rouge.

Haut., 1 m. 10.

269 — Fauteuil en bois sculpté et doré à rocailles, couvert en tapisserie d'Aubusson du temps de Louis XV, à sujets galants dans des paysages encadrés de rocailles avec bordure rouge.

Larg., 75 cent.

270 — Canapé et quatre fauteuils en bois sculpté, couverts en tapisserie d'Aubusson du temps de Louis XV. Le canapé présente, sur le siège, divers animaux et sur le dossier des jeux d'enfants dans des encadrements rouges à rocailles. Les fauteuils offrent des sujets tirés également des fables de La Fontaine, dans des encadrements différents de ceux du canapé.

Largeur du canapé, 1 m. 80.

271 — Deux fauteuils non montés complétant le mobilier précédent.

Largeur d'un fauteuil, 70 cent.

272 — Canapé en bois doré, couvert en tapisserie d'Aubusson de la fin du règne de Louis XV, à médaillons contenant des personnages et des animaux et se détachant sur un fond blanc enguirlandé de fleurs et de rubans.

Larg., 2 mètres.

273 — Tabouret de pieds en bois doré, couvert en tapisserie d'Aubusson du temps de Louis XVI, présentant un bouquet de fleurs dans un médaillon.

Grand diam., 50 cent.

274 — Tabouret de piano, en bois doré, couvert en tapisserie d'Aubusson du temps de Louis XVI, à fleurs et attributs de l'amour.

Diam., 37 cent.

MEUBLES

275 — Cabinet en bois noir, garni d'appliques de cuivre à figures de chimères, d'Hercule, de Jason, etc. Au centre, un tabernacle entouré de colonnettes torses. Sur les côtés, des tiroirs. Support à colonnes torses. xviie siècle.

Haut., 1 m. 80; larg., 1 m. 32.

276 — Bois de fauteuil du temps de Louis XIV, sculpté à feuillages et quadrillés.

Haut., 70 cent.

277 — Deux torchères en bois sculpté, partiellement peint et doré, à décor de serpents et têtes de dauphins. Époque Régence.

Haut., 1 m. 57.

278 — Armoire à deux portes, en bois sculpté, à décor de rocailles, fleurs et oiseaux, avec mascaron au fronton. Époque Louis XV.

Haut., 2 m. 50; larg., 1 m. 50.

279 — Paravent à six feuilles, peint sur toile, à sujets galants dans des encadrements à rocailles. Époque Louis XV.

Haut., 2 mètres; larg. d'une feuille, 68 cent.

280 — Table triangulaire en marqueterie à fleurs de la fin du règne de Louis XV, signée : *Landrin*.

Haut., 78 cent.

281 — Commode à trois rangs de tiroirs, en marqueterie de bois de couleurs à quadrillés et trophées d'instruments de musique; garnitures de bronze. Dessus de marbre blanc. Fin de l'époque Louis XV.

Larg., 1 m. 25.

282 — Secrétaire droit à abattant, portes et trois rangs de tiroirs, en bois de placage à filets. Il est orné d'encadrements, de chutes, d'entrées de serrure, de poignées et de rosaces, en bronze ciselé et doré. Dessus de marbre brocatelle. Au revers, la signature de : *C. Krier*. (Charles Krier, rue du Bac, reçu maître en 1774.) Époque Louis XVI.

Haut., 1 m. 88; larg., 98 cent.

283 — Table-étagère formant rafraîchissoir, en acajou, à filets de cuivre, avec récipients en métal. Époque Louis XVI.

Diam., 55 cent.

284 — Console demi-lune en bois ajouré, sculpté et partiellement doré, à décor de rosaces dans des médaillons ovales; pieds cannelés. Dessus de marbre brèche d'Alep. Époque Louis XVI.

Larg., 1 m. 16.

285 — Cage d'horloge en chêne sculpté, à décor de feuillages et de rocailles. XVIIIe siècle.

Haut., 2 m. 73.

ÉTENDARDS — ÉTOFFES

286 — Étendard en soie, présentant des chardons et des tulipes stylisés, ainsi que deux branches écotées disposées en sautoir; dans un des angles, une arbalète. XVIIe siècle.

287 — Étendard, copie du précédent.

288 — Étendard en soie, offrant une figure de saint Sébastien avec la date *1758*, surmontée d'armoiries ducales. XVIIIe siècle.

289 — Étendard en soie, présentant un dragon couronné encadré de feuillages. XVIIIe siècle.

290 — Étendard en soie de couleurs, avec croix latine au centre. XVIIIe siècle.

291 — Étendard en soie de la guilde de saint Christofle. Hollande, XVIIIe siècle.

292 — Étendard en toile peinte aux armes du royaume des Deux-Siciles. XVIIIe siècle.

293 — Étendard en soie brodée aux armes de Toscane, sur fond rouge et blanc. Hampe sculptée. XVIIIe siècle.

294 — Étendard en soie à l'aigle d'Empire. XVIIIe siècle.

295 — Étendard de section révolutionnaire, présentant l'équerre et le bonnet phrygien avec la devise : *Vive la Nation. Égalité. Fraternité.*

296 — Guidon tricolore de l'époque révolutionnaire, avec l'inscription : *Vivre libre ou mourir.*

297 — Bannière en satin blanc brodé, présentant la Vierge de gloire. XVIIe siècle.

298 — Petit panneau en damas rouge, avec applications, présentant un écusson d'armoiries. Espagne, XVIIe siècle.

Haut., 90 cent.; larg., 1 m. 15

299 — Panneau en satin vert, avec broderie de soie et de métal, présentant les armes d'un duc dans une couronne de feuillages.

Diamètre de l'écusson, 60 cent.

300 — Pavillon de trompette en soie rouge, avec applications de broderie, présentant une nef aux armes d'Empire.

Haut., 65 cent.; larg., 60 cent.

301 — Grand panneau de tenture en velours rouge brodé de soie au passé. Il présente un écusson d'armoiries, ainsi que des cornes d'abondance, des rinceaux, des animaux, etc. xviie siècle.

Haut., 2 m. 65; larg., 2 m. 30.

302 — Garniture de lit, composée de cinq panneaux et d'une courte-pointe en soie blanche avec applications, à décor de personnages, animaux et fleurs. xviie siècle.

Longueur de la courte-pointe, 2 m. 60.
Largeur de la courte-pointe, 2 m. 55.

303 — Grand panneau de tenture en velours de Gênes, à surface couverte de fleurs sur fond lamé de métal. xviiie siècle.

Long., 2 m. 70; larg., 2 m. 40.

304 — Tapis de table rectangulaire, en velours rouge, présentant au centre un écusson d'armoiries ducales rapporté en broderie de soie et de métal. xviiie siècle.

Haut., 1 m. 35; larg., 1 m. 20.

ÉTENDARDS — ÉTOFFES

305 — Chape en broderie de soie et d'argent, à surface entièrement couverte de fleurs. xvii siècle. Elle pro-

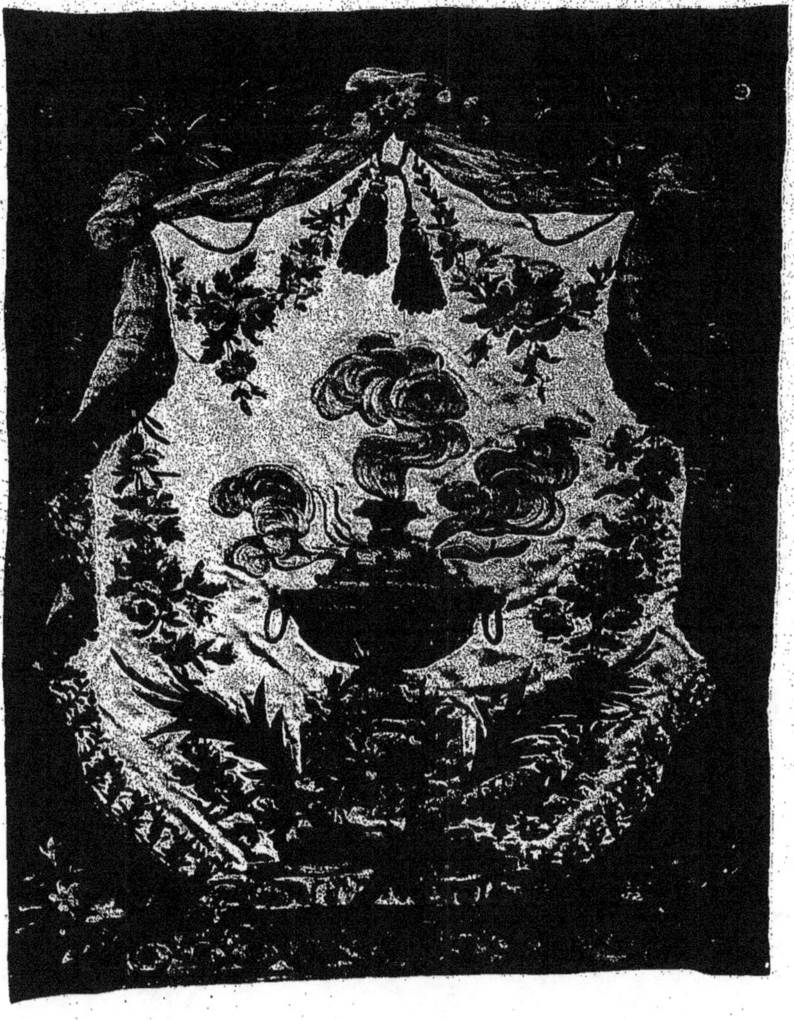

Nº 312.

vient du couvent des Dames de la Maternité de Metz, à qui elle fut donnée par Anne d'Autriche.

Haut., 1 m. 15; larg., 2 m. 95.

306 — Trois écussons brodés de métal. xviiie siècle.

307 — Jupe défaite et corsage en satin jaune avec broderie de soie et de métal à grosses fleurs et dauphins. Époque Louis XV.

Long., 3 mètres.

308 — Habit et culotte en velours rouge ciselé à rosaces. xviiie siècle.

309 — Habit en velours violet brodé à fleurs. Époque Louis XV.

310 — Robe en soie vieux rose, brochée à fleurs et lamée de métal. Époque Louis XV.

311 — Habit, culotte et gilet en velours rouge ciselé à quadrillés. Époque Louis XV.

312 — Feuille d'écran en satin crème, avec applications de broderie en chenille et au point de chaînette, rehaussée de métal. Au centre, une cassolette entourée de draperies enguirlandées de fleurs. Époque Louis XVI.

Haut., 90 cent.; larg., 70 cent.

313 — Jupe en satin rayé bleu et blanc avec fleurettes. Époque Louis XVI.

Haut., 86 cent.

314 — Bande étroite en soie bleu pâle et broderie au passé et en chenille, à rinceaux, fleurs, oiseaux, avec mascarons peints. Époque Louis XVI.

Haut., 2 m. 60; larg., 13 cent.

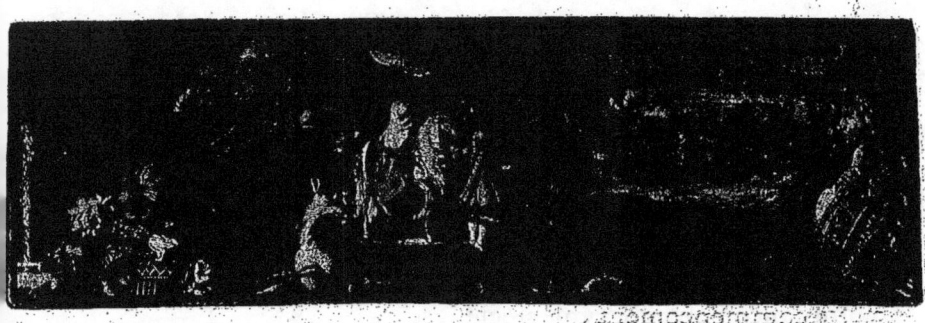

Nº 318.

TAPISSERIES — TAPIS

315 — Tapisserie rectangulaire flamande du commencement du xviie siècle, présentant des sujets tirés de l'histoire de Roland. Composition de nombreux personnages, avec inscriptions indiquant leurs noms.

Haut., 2 m. 55 ; larg., 3 mètres.

316 — Tapisserie flamande du xviie siècle, présentant un jardin à la française avec berceau de verdure. Au premier plan, des buissons fleuris.

Haut., 2 m. 40 ; larg., 2 m. 35.

317 — Fragment de tapisserie verdure présentant des cariatides et des vases avec arbustes. Flandres, xviie siècle.

Haut., 1 m. 05 ; larg., 1 m. 30.

318 — Fragment de tapisserie des Gobelins du temps de Louis XIV, de la tenture des Maisons royales. Elle faisait partie de la pièce du château de Saint-Germain, et présente une chasse au faucon avec le roi et la reine au premier plan.

Haut., 80 cent. ; larg., 2 m. 50.

319 — Tapisserie rectangulaire, présentant un groupe de trois cavaliers en promenade, et, au second plan, divers personnages jouant au saut de mouton. Au fond, une forêt et des collines. Bordures marron, à corbeilles de fleurs et de fruits, coquilles et rinceaux. Flandres, commencement du xviiie siècle.

Haut., 2 m. 75 ; larg., 3 m. 45.

320 — Panneau en tapisserie d'Aubusson du temps de Louis XV, présentant un épisode de la légende de l'Amour et Psyché.

Haut., 2 m. 25 ; larg., 1 m. 95.

321 — Lambrequin en tapisserie de Beauvais du milieu du xviiie siècle, offrant une corbeille de fleurs au milieu de rinceaux et de guirlandes surmontés de draperies, d'après Salembier. Fond blanc.

Haut., 55 cent. ; larg., 1 m. 60.

322 — Panneau en hauteur, en tapisserie d'Aubusson du milieu du xviiie siècle, présentant un trophée d'instruments de musique suspendu à un ruban au-dessus d'un vase de fleurs. Encadrements à baguettes enguirlandées, avec oiseaux.

Haut., 2 m. 70 ; larg., 90 cent.

323 — Panneau de la même suite, attributs de l'Amour et vase de fleurs.

Haut., 2 m. 70 ; larg., 50 cent.

324 — Quatre panneaux étroits, en hauteur, en tapisserie d'Aubusson du milieu du xviiie siècle, présentant, sur fond blanc, des trophées d'attributs divers suspendus à des rubans au-dessus de paysages animés d'oiseaux. Encadrements de baguettes enguirlandées, avec bordures rouges.

Haut., 2 m. 20 ; larg., 40 cent.

325 — Suite de sept tapisseries d'Aubusson du milieu du xviiie siècle, d'après J.-B. Huet, présentant, l'une, la Cueillette des cerises, composition de sept personnages ; trois autres, des sujets galants ; et les trois dernières, des paysans et paysanne. Fond de paysage. Encadrements verts à draperies vieux rose, baguettes, rinceaux et guirlandes.

Haut., 1 m. 80.
Larg., 2 m. 60 ; 80 cent. ; 85 cent. ; 1 m. 15 ; 1 m. 15 ; 1 m. 10 ; 1 m. 10.

326 — Deux tapisseries rectangulaires d'Aubusson du milieu du xviiie siècle, présentant, sur fond blanc damassé, chacune, deux médaillons à sujets champêtres, séparés par des trophées d'attributs. Encadrements de baguettes enguirlandées de fleurs, sur contre-fond vieux rose damassé.

Haut., 2 m. 70 ; larg., 4 mètres.

327 — Six fragments de tapisserie d'Aubusson du milieu du xviiie siècle, à corbeille, bouquets et guirlandes de fleurs, sur fond blanc.

328 — Trois tapisseries d'Aubusson du temps de Louis XVI, présentant chacune, entre deux colonnes enguirlandées de fleurs, des paysages animés de paysans et d'animaux : le Départ pour le marché, En route pour le marché, le Retour, d'après Jean-Baptiste Huet. A la partie supérieure, des guirlandes et des trophées d'attributs soutenus par des rubans.

Haut., 2 m. 35 ; larg., 2 mètres.

329 — Quatre colonnes en tapisserie d'Aubusson du temps de Louis XVI, de la même suite que les tapisseries précédentes.

Haut., 2 m. 35.

330 — **Deux lambrequins** en tapisserie de Beauvais du temps de Louis XVI, à guirlandes de fleurs et passementeries simulées sur fonds blanc et vert, avec gland au centre.

Haut., 35 cent.; larg., 1 m. 55.

331 — **Dossier** ovale, en tapisserie d'Aubusson du temps de Louis XVI, à médaillon de fleurs.

Grand diam., 50 cent.; petit diam., 36 cent.

332 — **Fragment de tapisserie** d'Aubusson du xviii° siècle : Char d'une divinité.

Haut., 2 m. 40; larg., 1 m. 90.

333 — **Tapisserie** rectangulaire présentant le château de Versailles, avec oiseaux et bouquets d'arbres au premier plan. Bordures jaunes, à fleurs, oiseaux et cartouches. Flandres, xviii° siècle.

Haut., 3 m. 25; larg., 4 m. 50.

334 — **Tapisserie** rectangulaire flamande du xviii° siècle, présentant Pan poursuivant Syrinx, qui se métamorphose en roseau; sur le côté, les nymphes, ses sœurs. Au second plan, paysage montagneux avec des habitations. Dans les nuages, l'Amour contemplant la scène.

Haut., 2 m. 85; larg., 4 m. 05.

335 — **Deux tapisseries** rectangulaires flamandes du xviii° siècle, présentant, l'une une nymphe et l'Amour, l'autre une figure de Flore. Fond de paysages avec chute d'eau et oiseaux ; dans le lointain, des habitations. Bordures à enroulements de feuillages et de fleurs avec monogramme timbré d'une couronne de comte à la partie supérieure.

Haut., 3 m. 15; larg., 2 m. 65.
Haut., 3 m. 15; larg., 2 mètres.

336 — Tapisserie rectangulaire flamande du xviiie siècle, présentant une clairière interrompue par des bouquets d'arbres. Dans le fond, des habitations. Bordures de fleurs.

Haut., 2 m. 95; larg., 4 m. 85.

337 — Environ vingt-cinq fragments de tapisseries verdures flamandes des xviie et xviiie siècles.

338 — Quatre fragments de bordures de tapisseries flamandes du xviiie siècle, à fleurs, médaillons et rubans.

339 — Trois fragments de bordures de tapisserie flamande du commencement du xviie siècle, à fleurs et feuilles sur fond gros bleu.

Longueur, environ 12 mètres.

340 — Tapisserie verdure présentant des oiseaux au premier plan. Bordures de fleurs et de rubans. Flandres, xviiie siècle.

Haut., 2 m. 75; larg., 3 mètres.

341 — Siège et dossier de canapé et six fragments en tapisserie de la fin du xviiie siècle, à bouquets de fleurs sur fond blanc bordé de rouge.

Largeur du canapé, 1 m. 20.

342 — Tapis de la Savonnerie du commencement du xixe siècle, présentant, sur fond rouge, une rosace centrale, ainsi que des bouquets de fleurs et des cornes d'abondance aux angles. Bordures claires à rinceaux.

Long., 5 m. 60; larg., 4 m. 90.

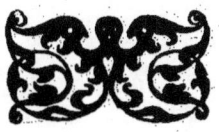

www.ingramcontent.com/pod-product-compliance
Lightning Source LLC
Chambersburg PA
CBHW070157230526
45471CB00002B/700